Pour Ali

en espérant que tu

aimeras toujours la

langue française .

Bonne Année 2017

Yayane .

P.S N'oublie pas le verbe
"poissoner"

Le Mode Indicatif
LES 105 VERBES ESSENTIELS FRANÇAIS

conjugaison
conjugation

The Indicative Mood
105 FUNDAMENTAL FRENCH VERBS

Marianne Yayane Verbuyt

À tous mes étudiants qui ont été mes maîtres et plus spécialement à Frances Lindemann. Ses questions incessantes ont aiguisé ma réflexion et mon regard sur l'enseignement de la conjugaison.

Mon équipe pour son énergie positive et son support malgré mes demandes souvent trop exigeantes.

Michèle Atlan et Agathe Lerolle pour un soutien sans faille.

Merci à Isabelle Aimé dont les heures d'écoute ont surement écourté son sommeil.

Et merci à Joe Tuana et au soutien de tous mes amis.

I would like to thank all my students, especially Frances Lindemann, whose questions and thirst for learning truly inspired me to fine-tune and share my teaching method.

My incredible team, for their positive energy and continued support even when things got overwhelming.

Michèle Atlan and Agathe Lerolle, for their invaluable support and involvement in making this book a reality.

To Isabelle Aimé, who spent countless all-nighters listening to me until the sun came up.

To Joe Tuana and all my friends, who have encouraged and helped me throughout this process.

Edition by Paris Writers Press
Production management by Aurélie Gabriele
Interior, graphics, and cover design by Nahema Conesa Alcolea and May Ghadanfar
Illustrations by James O'Brien

CREDITS
Centre National de la Recherche Scientifique (CNRS)
Ralentir Travaux

Paris Writers Press, LLC
116 Central Park South 10N
New York, NY 10019
www.pariswriterspress.com
email: pariswriterspress@gmail.com

Printed in the United States of America

ISBN: 978-0-9984207-0-7 (paperback)
ISBN: 978-0-9984207-3-8 (e-book)

*Je voudrais dédier ce livre à mon n'Ami, mon grand-père, José-Marie Miette.
La langue française était sa patrie, la poésie son univers, de ses racines
gréco-latines, il a su faire éclore en moi un amour éperdu des mots.*

~

*I would like to dedicate this book to my grandfather, Jose-Marie Miette,
who I called n'Ami, from the French "mon ami" (my friend). N'Ami was the
one who transmitted his passion for the beautiful intricacies of the French
language and its Latin roots. He was a writer of poetry and a constant
inspiration throughout my entire childhood.*

À PROPOS DE L'AUTEUR

Riche d'une longue expérience du travail pédagogique dans l'apprentissage de la langue française, Marianne Yayane est co-fondatrice d'une compagnie spécialisée en coaching et tutoring auprès d'enseignants et d'élèves : Marianne's Alpha Kappa. Diplômée du Professorat des Écoles de Paris (CFP - Centre de Formation Pédagogique Européen), elle a obtenu un diplôme en psychologie à l'Université de Toulouse Le Mirail et suivi un troisième cycle de commerce à l'École Supérieure des Dirigeants d'Entreprise de Paris (ESDE). Reconnue par la communauté académique pour ses méthodes innovantes, elle a travaillé avec le Dr Béatrice Deschamps-Latscha, directeur de recherche à l'Institut national de la santé et de la recherche médicale et le physicien émérite, Yves Quéré, à la rédaction de l'ouvrage «Apprendre Malgré... le Handicap ou la Maladie». Marianne a participé au documentaire «Sur la Route Couleur de Sable» qui décrit son travail auprès de deux jeunes filles handicapées, et leur tentative de reintégraton dans le système scolaire.

Sa vocation pour la pédagogie s'est révélée à l'école Decroly de Bruxelles, puis s'est développée à l'école Alsacienne de Paris ; Marianne est ensuite devenue enseignante-rééducatrice auprès d'enfants souffrants de maladies chroniques, de troubles du développement et d'invalidités congénitales, à «Votre École chez Vous ». Son travail a été reconnu par le secteur éducatif et plébiscité par les élèves et leurs familles. A son arrivée à New York, elle intègre pour une période de six ans le Lycée Français comme coordinatrice de cycle, avant de fonder sa propre équipe, spécialisée en coaching et tutoring, Marianne's Alpha Kappa.

Son approche unique et sa façon de construire des passerelles entre langues et cultures différentes l'ont incitée à publier ses méthodes de travail. Ce livre est le premier d'une série d'ouvrages offrant une nouvelle approche de l'étude de la langue française et proposant des supports éducatifs de qualité.

ABOUT THE AUTHOR

Marianne has a wealth of experience in French language education and pedagogical work. Alongside her teaching degree, she holds a Masters in Psychology which has proven to be vital in creating her teaching method. Marianne started in the field of pedagogy at the Decroly School of Brussels. In France, she taught at the widely respected École Alsacienne (Paris) and subsequently at "Votre Ecole Chez Vous," working one-on-one with children with grave diseases or developmental challenges enabling them to thrive academically. This empowering work was acclaimed professionally within the academic community and sanctioned by the incredible achievements of her students. Lauded for her methods in the field of Special Education, Marianne was asked to collaborate with Dr. Béatrice Deschamps-Latscha and Dr. Yves Quéré on their book "Apprendre Malgré... le Handicap ou la Maladie" ("Learning Despite...Illness and Handicap"). She is also featured in the documentary "Sur la Route Couleur de Sable" ("On the Sand Colored Road") and about her work with two young girls and their journey to reintegrate into a normal school system despite their disabilities.

After moving to New York, Marianne became the Elementary School Coordinator at the Lycée Français de New York for six years and subsequently co-founded Marianne's Alpha Kappa, a private coaching and tutoring firm for both students and teachers. After receiving significant feedback from students and teachers praising her ability to build a bridge between languages and cultures, she decided to publish her teaching methods for further implementation on a national and international level. This book is just the beginning. Marianne is very excited to pursue this journey to provide students and educators with high-quality and innovative educational materials.

SOMMAIRE

TABLE OF CONTENTS

INTRODUCTION / PRÉFACE

Au cours de mon parcours de pédagogue, j'ai réalisé à quel point les manuels pédagogiques traditionnels étaient complexes pour les étudiants, en terme de manque de clarté et d'appuis ludique et graphique. Enseignante et formatrice dans diverses institutions depuis plus de deux décennies, et mon expérience aux États Unis en tant que responsable de cycle au Lycée Français de New York, n'ont fait que renforcer ce constat. L'apprentissage est souvent présenté en commençant par des notions spécifiques sans les replacer dans leur globalité. Cet état de fait est présent dans de nombreuses disciplines : les mathématiques, l'étude des langues étrangères, l'histoire … On ne commence pas un puzzle sans en voir vu le modèle terminé au préalable. L'étude approfondie d'une notion se fera avec d'autant plus de motivation qu'elle pourra être replacée dans son contexte. L'étude précise d'une notion doit être vue comme la barre du danseur classique ou les gammes du musicien.

Ce manuel est basé sur l'apprentissage des **105 verbes les plus utilisés de la langue française**. Dans un premier temps, je n'ai voulu me concentrer que sur ces 105 verbes et uniquement sur **le mode indicatif** (les autres modes et l'étude de la grammaire seront traités dans d'autres manuels). Ils sont une des notions les plus importantes pour maitriser cette langue. L'apprentissage des conjugaisons est souvent rébarbatif et les méthodes d'apprentissage se focalisent souvent sur la langue écrite.

Ce manuel a **deux objectifs*** :

Dès le début, grâce à des schémas, il offre à l'apprenant ***une vision globale du mode indicatif et de l'utilisation des différents temps**. Les détails de la formation des temps arrivent en second lieu. Grâce à un code couleur, il ***donne des clefs pour pallier toutes les erreurs faites à l'oral** par un élève anglophone.

Il s'adresse aussi bien à des apprenants débutants, confirmés ou aux élèves des lycées français à l'étranger.

UN MANUEL BASÉ SUR LE VISUEL

Les 105 verbes sont illustrés par des **dessins représentant un personnage actif et un personnage passif**. Ces personnages n'ont pas de nom et pas de sexe. Ce choix est voulu, il est important que l'élève puisse s'identifier à l'un d'eux ou tout simplement qu'il le nomme … quelque soit le choix de l'apprenant ou d'un groupe classe l'appropriation est primordiale pour que l'apprentissage soit le plus efficace possible. Le code couleur et les schémas facilitent l'apprentissage des élèves visuels.

- Un **code couleur** est présent pour les **sons complexes**.

- Les **liaisons** sont marquées pour pallier les erreurs de prononciation.

- L'**utilisation et la formation des temps** selon le groupe auquel appartient le verbe sont expliquées sous forme de **schémas, d'illustrations et de tableaux.**

- La **concordance des temps** est simplifiée par des **schémas récapitulatifs**.

- Les auxiliaires **être** et **avoir** sont **symbolisés graphiquement** pour permettre à l'étudiant de construire rapidement les formes composées.

- La conjugaison est détaillée pour chaque verbe.

Au cours de l'ouvrage la schématisation permet de s'approprier le mode de pensée de la langue française.

Un **classement** par ordre de fréquence des **50 verbes les plus utilisés** est incorporé à l'ouvrage. Ce classement est donné par ordre alphabétique selon leur **utilisation orale et écrite**, et est également proposé par **fréquence d'apparition**. Ces tableaux permettent de se focaliser sur les verbes les plus employés pour pouvoir s'exprimer le plus rapidement possible. Il est également intéressant de constater que certains verbes ont des places très différentes selon leur utilisation orale ou écrite, et de percevoir que la langue anglaise et la langue française n'ont pas les mêmes priorités. Une langue ce n'est pas seulement une traduction c'est aussi une façon de penser liée à une culture.

CE MANUEL EST FAIT EN TROIS PARTIES

Le **manuel** (1) qui donne une vision du mode indicatif.

Un **carnet de notes** (2) qui reprend les schémas pour permettre à l'élève d'avoir deux visuels face à lui :

- Le verbe spécifique qu'il étudie dans le manuel.

- Le schéma qui lui rappelle sa formation afin de l'aider à s'approprier de manière plus efficace les différentes règles.

Ce carnet est conçu pour que chaque étudiant puisse prendre des notes, à l'aide d'un schéma sur la page de gauche et d'une feuille blanche sur la page de droite réservée aux annotations personnelles. Une version inversée est proposée pour les gauchers (schéma sur la droite, et page d'annotation sur la gauche).

« 105 flashcards »* (3) un jeu de 105 fiches verbes pour manipuler la langue :

- Au recto, le dessin et un visuel permettant de savoir à quel auxiliaire il est lié aux temps du passé.

- Au verso, le verbe, sa traduction et une phrase simple à la première personne du singulier pour mettre le verbe en contexte et être capable d'émettre une phrase.

- Des cartes pour construire la forme négative.

Ce jeu est essentiel pour apprendre aux jeunes enfants à maitriser l'oral avant de rentrer dans le monde de l'écrit. Les cartes permettent de construire les temps composés, la forme pronominale, la forme affirmative et la forme négative.

*vendu séparement sur www.marianneak.org

INTRODUCTION / PREFACE

During my teaching career, I noticed how textbooks tend to offer only complex explanations rather than focusing on the learner's level of understanding. My experience in the United States – as a pedagogical coordinator at the Lycée Français de New York, a teacher and trainer in various institutions, and the co-founder of a private tutoring firm – has reinforced this notion. With regards to foreign language learning, specifically in French, recurrent errors and barriers faced by students can become ingrained, so it is crucial to address these obstacles in order to foster a richer learning experience.

The purpose of this book is to serve more as a manual than a textbook. My learning method is heavily based on visual representation, which is something often left out by traditional teaching methods. The book is also intended to be aesthetically unique, whether it be the minimalist illustrations or the elegant layout. I find it important to link a sense of beauty with educational materials, as this has the potential to change a learner's experience, and ultimately to improve their learning environment.

Initially, I was hesitant to focus only on the **105 most utilized verbs of the French language** and the **indicative mood**. However, mastering the French language requires a considerable understanding of the indicative mood and familiarity in expressing various fundamental verbs in more than one tense (further tenses and studies of grammar will be addressed in future manuals). Learning conjugations is often daunting and teaching methods are generally focused on the written language.

This manual has **two goals***:

From page one, this method instills a ***global vision of the indicative mood**, as well as the various tenses, through the use of diagrams. Details regarding the formation of these tenses are taught subsequently. Color coding serves as a ***key to compensate for common errors**, often transmitted and perpetuated orally by native English-speaking students.

It caters to all levels of knowledge and could be especially useful for Anglophone students enrolled in the French school system.

A MANUAL BASED ON VISUAL CUES

The 105 verbs are illustrated with **drawings depicting both an active character and a passive character**. These characters have no name and no gender. Their identities are created by the learner, whether as an individual, group, teacher, or classroom, this component is essential to make learning as personalized as possible. These diagrams show the usage and formation of tenses which are color-coded for ease of comprehension in students with a visual (rather than auditive) style of learning.

- **Color-coding** breaks down **complex sounds**.

- **Phonetic connections** between words are signaled to avoid errors in **pronunciation**.

- **Tenses are formed** and based on the group a verb belongs to and are explained through **diagrams and charts**.

- **Diagrams** are in place for explaining the **correct use of past, present, and future tenses**.

- **Auxiliaries "to be" and "to have"** are **symbolized visually** for each verb. This is fundamental so that the student learns to spontaneously use compound tenses by thinking in French, without directly translating from their mother tongue.

- **Detailed conjugation** for each verb.

Also included in the book are **two lists of the 50 most common verbs in the French language**. The first list contains those **most frequently used orally and in writing** organized by **alphabetical order**. The second presents the **ranking of those most used verbs**. These tables focus on these fundamental verbs so that the reader can learn to communicate as rapidly as possible. It is also interesting to realize that the same verb's numerical position will change depending on whether it is expressed verbally or through writing. Furthermore, it becomes clear when comparing these lists to their English equivalents that the linguistic priorities between the two cultures can be very different. Learning a foreign language is far more than translation, it also requires absorbing another culture.

THIS MANUAL CONTAINS THREE SEPARATE ELEMENTS

The **manual** (1) clearly presents a demonstration of the indicative mood.

A **separate notebook** (2) portrays the diagrams so that the student can work with two visuals simultaneously:

- The specific verb that he/she is studying in the manual.

- The diagram displaying the verb's formation in order to more efficiently link its rules and context in the student's mind.

This notebook was designed with the diagram on the left-hand page, opposite a blank page on the right that can be personalized with the student's individual annotations. A version for left-handed students exists with the diagram on the right.

« 105 flashcards »* (3) help visualize and master the language:

- On the front is an illustration of each verb as well as the visual symbol for its associated auxiliary when used in the past tense.

- On the back is the verb, its translation and a simple phrase in first person singular (usually in the present tense) to enable the student to use the verb in context.

- Certain cards show how to construct the negative form of the verb.

This game is essential for teaching young children how to master the spoken language before they tackle the written one. The cards enable them to construct compound tenses and the pronominal form as well as both the positive and the negative forms of all these verbs.

*sold separately at www.marianneak.org

Les 50 Verbes les Plus Fréquents: Ordre Alphabétique
50 Most Frequent French Verbs : Alphabetical Order

When learning a new language, it is important to pay attention to the way people use it while speaking and while writing. Note that some verbs rank the same in both categories, meanwhile others are on opposite ends. Being aware that this information is critical for formulating a casual conversation as well as more formal written content.

Verbe *Verb*	Translation *Translation*	Written Rank	Spoken Rank
acheter	*to buy*	-	33
aimer	*to love/like*	18	26
aller	*to go*	6	5
appeler	*to call*	45	30
arriver	*to arrive*	33	13
attendre	*to wait*	35	49
avoir	*to have*	2	2
chercher	*to look for*	37	46
commencer	*to start*	48	38
comprendre	*to understand*	39	21
connaître	*to know*	31	22
croire	*to believe*	13	14
demander	*to ask*	21	24
devenir	*to become*	42	-
devoir	*to have to/must*	12	17
dire	*to say*	4	4
donner	*to give*	15	20
écouter	*to listen*	-	34
écrire	*to write*	44	-
entendre	*to hear*	27	36
entrer	*to enter*	41	-
être	*to be*	1	1
faire	*to do*	3	3
falloir	*to have to/must*	11	9

Les 50 Verbes les Plus Fréquents: Ordre Alphabétique
50 Most Frequent French Verbs : Alphabetical Order

Verbe *Verb*	Translation *Translation*	Written Rank	Spoken Rank
jouer	*to play*	-	47
laisser	*to let/leave*	24	35
lire	*to read*	-	43
manger	*to eat*	-	29
marcher	*to walk*	-	39
mettre	*to put*	20	15
monter	*to go up*	50	44
paraître	*to seem/appear*	32	48
parler	*to speak*	17	18
partir	*to leave*	-	23
passer	*to pass*	19	16
payer	*to pay*	-	45
penser	*to think*	26	27
perdre	*to lose*	-	50
porter	*to carry*	40	-
pouvoir	*to be able to*	5	8
prendre	*to take*	16	12
regarder	*to look at/watch*	28	40
rendre	*to return/give back*	30	41
rentrer	*to return*	-	37
répondre	*to answer*	29	-
reprendre	*to take back*	47	-
rester	*to stay*	25	28
revenir	*to come back*	43	42
savoir	*to know*	8	7
sembler	*to seem*	23	-

Les 50 Verbes les Plus Fréquents: Ordre Alphabétique
50 Most Frequent French Verbs : Alphabetical Order

Verbe *Verb*	Translation *Translation*	Written Rank	Spoken Rank
sentir	*to smell/feel*	34	-
sortir	*to leave/go out*	38	31
suivre	*to follow*	49	-
tenir	*to hold*	22	25
tomber	*to fall*	46	-
travailler	*to work*	-	32
trouver	*to find*	14	19
venir	*to come*	10	11
vivre	*to live*	36	-
voir	*to see*	7	6
vouloir	*to want*	9	10

Les 50 Verbes les Plus Fréquents
50 Most Frequent French Verbs

Written Rank	Verb
1	**être** *to be*
2	**avoir** *to have*
3	**faire** *to do/make*
4	**dire** *to say*
5	pouvoir *to be able to*
6	aller *to go*
7	voir *to see*
8	savoir *to know*
9	vouloir *to want*
10	venir *to come*
11	falloir *to have to/must*
12	devoir *to have to/must*
13	croire *to believe*
14	trouver *to find*
15	donner *to give*
16	prendre *to take*
17	parler *to speak*
18	aimer *to like/love*
19	passer *to pass*

Spoken Rank	Verb
1	**être** *to be*
2	**avoir** *to have*
3	**faire** *to do/make*
4	**dire** *to say*
5	aller *to go*
6	voir *to see*
7	savoir *to know*
8	pouvoir *to be able to*
9	falloir *to have to/must*
10	vouloir *to want*
11	venir *to come*
12	prendre *to take*
13	arriver *to arrive*
14	croire *to believe*
15	mettre *to put/place*
16	passer *to pass*
17	devoir *to have to/must*
18	parler *to speak*
19	trouver *to find*

Les 50 Verbes les Plus Fréquents
50 Most Frequent French Verbs

Written Rank	Verb
20	mettre *to put/place*
21	demander *to ask*
22	tenir *to hold*
23	sembler *to seem*
24	laisser *to let*
25	rester *to stay*
26	penser *to think*
27	entendre *to hear*
28	regarder *to look*
29	répondre *to answer/respond*
30	rendre *to return/give back*
31	connaître *to know*
32	paraître *to appear*
33	arriver *to arrive*
34	sentir *to feel/smell*
35	attrendre *to wait*
36	vivre *to live*
37	chercher *to search*
38	sortir *to go out*

Spoken Rank	Verb
20	donner *to give*
21	comprendre *to understand*
22	connaître *to know*
23	partir *to leave*
24	demander *to ask*
25	tenir *to hold*
26	aimer *to like/love*
27	penser *to think*
28	rester *to stay*
29	manger *to eat*
30	appeler *to call*
31	sortir *to go out*
32	travailler *to work*
33	acheter *to buy*
34	écouter *to listen*
35	laisser *to let*
36	entendre *to hear*
37	rentrer *to return*
38	commencer *to begin*

Les 50 Verbes les Plus Fréquents
50 Most Frequent French Verbs

Written Rank	Verb
39	comprendre *to understand*
40	porter *to hold/carry*
41	entrer *to enter*
42	devenir *to become*
43	revenir *to come back*
44	écrire *to write*
45	appeler *to call*
46	tomber *to fall*
47	reprendre *to take back*
48	commencer *to begin*
49	suivre *to follow*
50	monter *to go up*

Spoken Rank	Verb
39	marcher *to walk*
40	regarder *to look*
41	rendre *to return/give back*
42	revenir *to come back*
43	lire *to read*
44	monter *to go up*
45	payer *to pay*
46	chercher *to search*
47	jouer *to play*
48	paraître *to appear*
49	attendre *to wait*
50	perdre *to lose*

CODE VISUEL / *VISUAL CODE*

Pronoms Personnels
Personal Pronouns

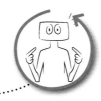

Pronoms Réfléchis
Reflexive Pronouns

Ils indiquent que le sujet fait l'action pour lui. Le sujet et l'objet du verbe sont les mêmes.
Ils varient selon la personne. Ces pronoms n'existent pas en anglais.

These express reflexive actions performed by the subject upon him/her/itself.
The subject and the object of the verb are always the same. These pronouns are not used in the English language.

Je me cache - infinitif du verbe: "se cacher"
I am hiding (myself)

Verbe conjugué
Conjugated verb

Attention particularités
Caution (particularities)

Ce que j'entends
What I hear

Lettres silencieuses
Silent letters

z n

Liaisons
*Link ***

N/A

N'est pas applicable
Not Applicable

*the obligatory pronunciation
of a latent consonant.*

Auxiliaire "Être"
Auxiliary "Être"
To be

Auxiliaire "Avoir"
Auxiliary "Avoir"
To Have

CODE VISUEL / *VISUAL CODE*

LES VERBES / *VERBS*

 Verbes du 1er groupe: ER
ER Verbs

 Verbes IR
IR Verbs

ir → iss   *example:* Finir → Nous finissons
-ir → -iss   *To finish*

Au niveau du manuel, les verbes en –ir qui, avec "nous", au présent se terminent par –issons sont les verbes du 2ème groupe selon la classification française. Nous avons gardé cette dernière dans la présentation des verbes. Cependant, pour faciliter l'apprentissage de la formation des différents temps du mode indicatif, nous avons classé tous les verbes selon le nombre de radicaux (de un à trois) nécessaires pour être conjugué dans un temps spécifique.

In regards to this manual the verbs in -ir (those whose conjugation for the first person plural ends in -issons) are the verbs of the 2nd group according to French classification. This classification has been retained for our depiction of these verbs. However, to faciliate learning the formation of the indicative mood, we have classified each verb depending on the number of stems (from 1 to 3), which are used to conjugate it, depending on the specific tense used.

 Verbes Irréguliers
Irregular Verbs

LES TEMPS / *TENSES*

 Les Temps du Passé
Passé-Composé, Imparfait, Passé Simple, Plus-que-Parfait, Passé Antérieur
Past Tenses
Compound Past, Imperfect, Past Historic, Past Perfect, Past Anterior

 Le Temps du Présent
Present Tense

 Les Temps du Futur
Futur Proche, Futur, Futur Antérieur
Future Tenses
Near Future, Future, Future Perfect

CODE COULEUR DU TEXTE / *TEXT COLOR CODE*

Ce manuel utilise un code couleur au niveau des lettres de manière à **éviter les erreurs récurrentes de prononciation** rencontrées chez de nombreux apprenants anglophones ou bilingues.

Ce code est mis en place pour **deux raisons** essentielles :

- La langue française a une orthographe où **de nombreuses lettres ne sont pas prononcées**. Ces dernières sont en gris.
- Les **sons voyelles** dont la graphie s'écrit avec une, deux ou plusieurs lettres sont en rouge.

Ce codage n'est présent qu'au niveau des temps simples. Il disparaît au niveau des temps composés pour permettre progressivement à l'apprenant de maitriser la prononciation sans aucune aide visuelle.

*To prevent **common errors made by English speakers** and other bilingual learners, color-coding enforces **correct pronunciation**.*

*This code is set up for **two main reasons**:*

- *The French language has unusual spellings and **a great number of letters are not pronounced**, hence **silent letters are indicated in** gray.*
- ***Complex vowel sounds** spelled with one, two or more letters are in red.*

The color-coding is only implemented for half of the conjugations. As the tenses progress, the colors disappear, facilitating a natural progression of understanding that allows the learner to eventually master correct pronunciation without any visual aid.

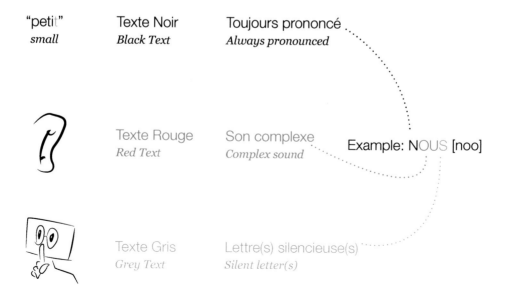

| "petit" | Texte Noir | Toujours prononcé |
| *small* | *Black Text* | *Always pronounced* |

Texte Rouge — *Red Text* — Son complexe — *Complex sound*

Example: NOUS [noo]

Texte Gris — *Grey Text* — Lettre(s) silencieuse(s) — *Silent letter(s)*

Voici un tableau de prononciation des lettres de l'alphabet en français. Beaucoup de lettres se prononcent de la même manière qu'en anglais. Le son à emmètre est celui de la lettre en gras dans le mot anglais. L'alphabet phonétique international que nous n'utilisons pas dans l'ouvrage est donné à titre indicatif pour vous repérer dans d'autres manuels ou dans un dictionnaire.

On the next page is a pronunciation table for the letters of the alphabet in French. A great deal of letters follow the same pronunciation as in English. In this table, the sound of the French letter corresponds to the bold letter of the English words beside it. For example, the letter 'i' sounds like the 'ee' in "bee." Symbols from the International Phonetic Alphabet are included for reference, but are not used in this book.

Prononciation des Sons Simples
Pronunciation of Simple Sounds

Graphie *Spelling*	Prononciation *Pronunciation*	*International phonetic alphabet*
a/à	**c**at	[a]
b	**b**anana	[b]
c	**c**at	[k]
d	**d**onut	[d]
e	**u**h	[ə]
f	**f**abulous	[f]
g	**g**ood	[g]
h	*silent*	-
i/î	"ee" b**ee**	[i]
j	de**j**a vu	[ʒ]
k	**c**at	[k]
l	**l**ollipop	[l]
m	**m**ountain	[m]
n	**n**one	[n]
o/ô	d**ough**	[o] or [ɔ]
p	**p**irate	[p]
q	**q**uarter	[k]
r	n/a	[r]
s	**s**elfie	[s]
t	**t**urtle	[t]
u/û	cl**ue**	[y]
v	**v**owel	[v]
w	**v**owel	[v]
x	e**xi**st, e**xp**lain	[gz] ; [ks]
y	"ee" b**ee**	[i]
z	**z**ebra	[z]

Prononciation des Sons Complexes
Pronunciation of Complex Sounds

Graphie *Spelling*	Prononciation *Pronunciation*	*International phonetic alphabet*
é ai (at the end of a word) ez er	d**ay** / caf**é**	[e]
ê/ë è e + 2 consonants ai/aî + consonant	b**e**t	[ɛ]
ay	**pay** + ee (**pay**ons) **é** + **ee** (pa**y**sag**e**)	[e]
an / am en / em	**en**tourage	[ã]
au eau	d**ou**gh	[o]
on om	s**on**g	[õ]
ou	p**oo**l	[u]
eu	t**u**g	[ø] ou [œ]
oi/oî	**wa**ter	[wa]
oui	**we**	[wi]
ui	n / a	[j]
ill	be**y**ond	[ɥ]
ien	n / a	[j]
oyai oyon / oyion oyé oyez / oyiez	n / a n / a n / a n / a	[wajɛ] [wajõ] [waje] [waje]
ch	**sh**adow	[ʃ]
gn	mi**ni**on	[ɲ]
s (between 2 vowels)	**z**ebra	[z]
c + e / i = s ç	**s**ip	[s]
g + e / i = j	de**j**a vu	[ʒ]
g + u + é = gué	**g**ood	[g]
q + u + e = que	**c**ake	[k]

LETTRES MUETTES / *SILENT LETTERS*

→ La lettre « e » à la fin d'un mot ne se prononce pas.
The letter « e » at the end of a word is not pronounced.

 "é" se prononce à la fin d'un mot il peut être suivi d'un « e ».
"é" is pronounced and may be followed by an « e ».

Je chante   Il s'est caché   Elle s'est cachée

→ Une consonne finale non suivie d'un « e » ne se prononce pas.
A final consonant not followed by an "e" is not pronounced.

Il sort

→ La terminaison de « ils/elles » au présent ne se prononce pas.
The ending of « ils/elles » in the present tense is not pronounced.

Ils chantent

LETTRES MUETTES ET LIAISONS / *SILENT LETTERS & LIAISONS*

→ Le « s » des pronoms personnels « nous », « vous », « ils » et « elles » est muet.
The « s » in personal pronouns « nous », « vous », « ils » and « elles » is silent.

 Nous, vous , ils, elles + verbe commençant par une voyelle → $\widehat{\jmath}$ z
C'est la liaison, elle est obligatoire.

Nous, vous , ils, elles + verb starting with a vowel → $\widehat{\jmath}$ z
This phonetic linking (liaison) is mandatory.

Ils ᶻajoutent   Elles ᶻaiment   Nous ᶻoffrons

→ Le « s » de « ils » et « elles » sera toujours indiqué en gris dans les conjugaisons car c'est une faute récurrente chez les apprenants anglophones.
The « s » in « ils » and « elles » is always indicated in gray to avoid the common mistake of pronouncing it.

Avec « on », le « n » est muet mais le son formé par les lettres « o » et « n » est « on ».
With « on », the « n » is silent but the sound formed by the letters « o » and « n » is « on ».

 On + verbe commençant par une voyelle → $\widehat{\jmath}$ n. Cette liaison est obligatoire.
On + verb beginning with a vowel → $\widehat{\jmath}$ n. This phonetic linking (liaison) is mandatory.

On ⁿoublie   On ⁿavait mangé   On ⁿespère

APOSTROPHE / *APOSTROPHE*

Avec « je », « me », « te », « se » et « ne », le « e » est remplacé par une apostrophe lorsque le verbe qui suit commence par une voyelle.

With « je », « me », « te », « se » and « ne », the letter « e » is replaced by an apostrophe when the verb that follows starts with a vowel.

	Je	+ voyelle + *vowel*	Je → J'	J'oublie J'espère J'aime
	me		me → m'	Je m'appelle
	te		te → t'	Tu t'arrêtes
	se		se → s'	Il s'appelle
Négation *Negation*	ne		ne → n'	Je n'ai pas compris

JE
I

J' + a/e/i/o

TU
You

IL
He

ELLE
She

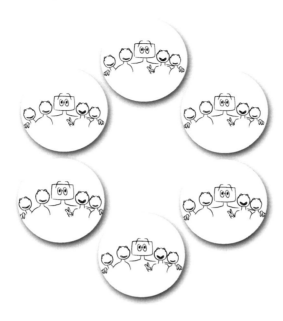

ON
We or everyone

Se conjugue comme il ou elle.

"On" is conjugated like il or elle, but has the same meaning as "nous".

NOUS
We

Nous + a/e/i/o

nous ᶻ allons
nous ᶻ entrons
nous ᶻ irons
nous ᶻ offrons

VOUS
You (plural)

Vous + a/e/i/o

vous ᶻ allez
vous ᶻ entrez
vous ᶻ irez
vous ᶻ offrez

VOUS
You (singular)

Vous + a/e/i/o

vous ^{z} allez
vous ^{z} entrez
vous ^{z} irez
vous ^{z} offrez

Même valeur que le "tu" mais représente la forme de politesse.

"Vous" has the same meaning as "tu," but inidicates respect.

ILS
They

IlS + a/e/i/o

ils ᶻ aiment
ils ᶻ entrent
ils ᶻ iront
ils ᶻ offrent

ELLES
They

Elles + a/e/i/o

elles ᶻ aiment
elles ᶻ entrent
elles ᶻ iront
elles ᶻ offrent

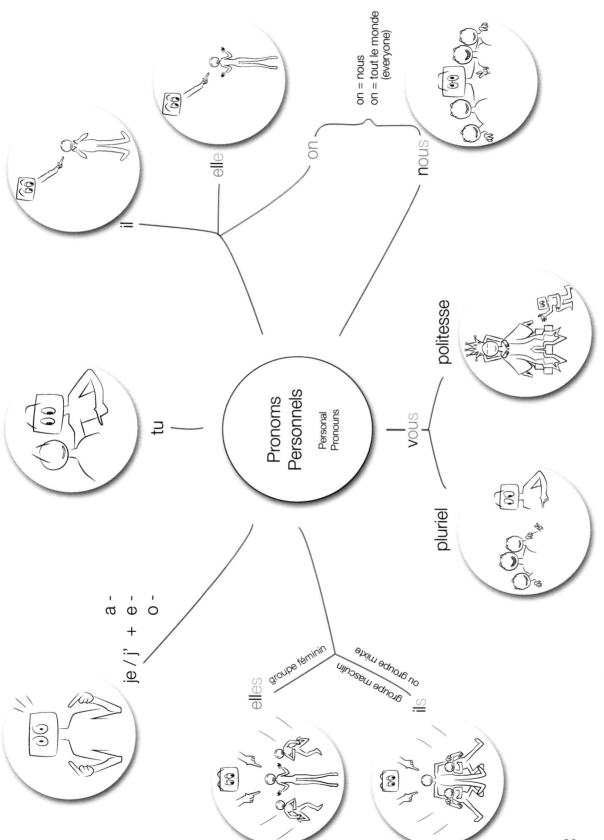

Pronoms Personnels

Personal Pronouns

il

elle

on
on = nous
on = tout le monde (everyone)

nous

tu

vous
politesse
pluriel

je / j' + a -
e -
o -

elles
groupe féminin

ils
groupe masculin
ou groupe mixte

JE **ME**
I

Je **m'** + a/e/i/o

Je me cach**e**.
I am hiding (myself).

TU **TE**
You (singular)

Tu **t'** + a/e/i/o

Tu te caches.
You are hiding (yourself).

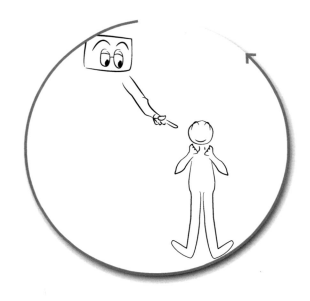

IL **SE**
He

Il **s'** + a/e/i/o

Il se cache.
He is hiding (himself).

ELLE **SE**
She

Elle **s'** + a/e/i/o

Elle se cache.
She is hiding (herself).

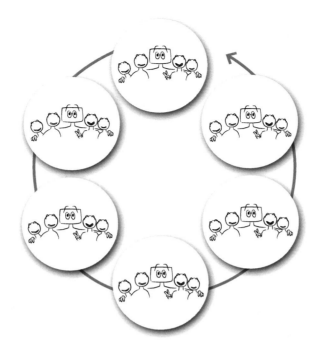

ON **SE**
We or everyone

On **s'** + a/e/i/o

On se cache.
We are hiding (ourselves).

Se conjugue comme il ou elle. A le même sens que nous.

"On" is conjugated like il or elle, but has the same meaning as "nous".

NOUS **NOUS**
We

Nous + a/e/i/o

nous nous ᶻ aimons
nous nous ᶻ expliquons
nous nous ᶻ offrons

Nous nous cachons.
We are hiding (ourselves).

VOUS **VOUS**
You (plural)

Vous + a/e/i/o

vous vous ᶻ aimez
vous vous ᶻ expliquez
vous vous ᶻ offrez

Vous vous cachez.
You are hiding (yourselves).

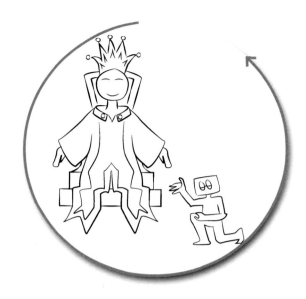

VOUS **VOUS**
You (singular formal)

Vous + a/e/i/o

vous vous ᶻ aimez
vous vous ᶻ expliquez
vous vous ᶻ offrez

Vous vous cachez.
You are hiding (yourself).

Même valeur que le "tu" mais représente la forme de politesse.

"Vous" has the same meaning as "tu," but indicates respect.

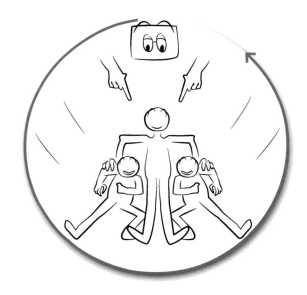

ILS **SE**
They (masculine or mixed group)

Ils **s'** + a/e/i/o

Ils se cachent.
They are hiding (themselves).

ELLES **SE**
They (feminine)

Elles **s'** + a/e/i/o

Elles se cachent.
They are hiding (themselves).

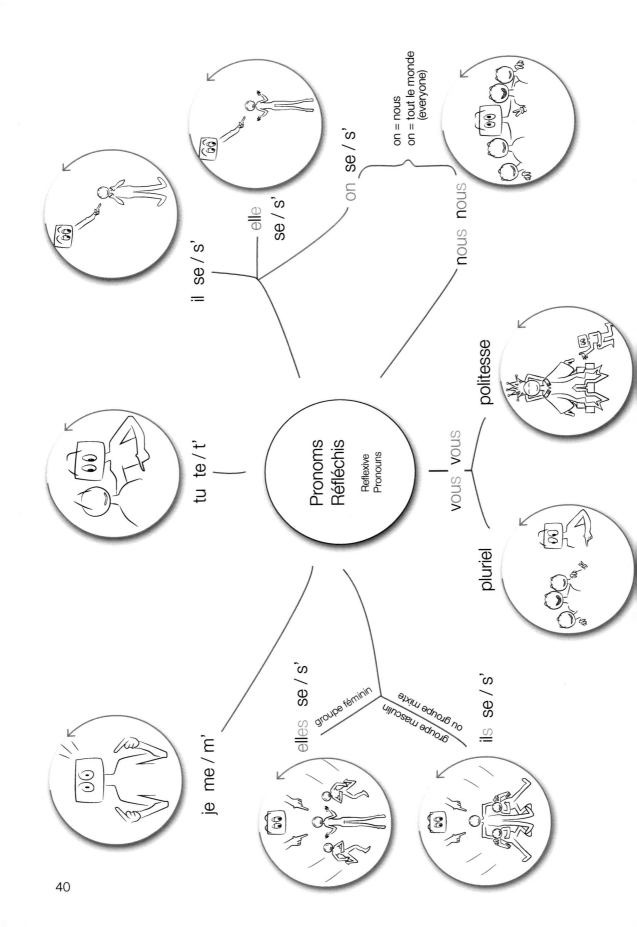

Pronoms
Réfléchis

Reflexive
Pronouns

il se / s'

elle se / s'

on se / s'

on = nous
on = tout le monde
(everyone)

nous nous

vous vous

politesse

pluriel

tu te / t'

je me / m'

elles se / s'

groupe féminin

groupe masculin
ou groupe mixte

ils se / s'

40

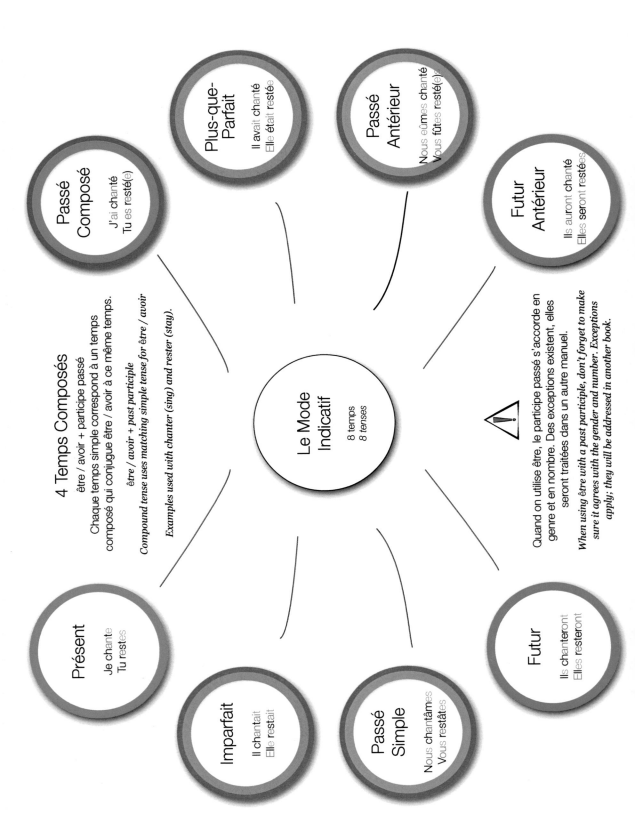

Le Mode Indicatif

8 temps
8 tenses

Passé Composé

J'ai chanté
Tu es resté(e)

Plus-que-Parfait

Il avait chanté
Elle était restée

Passé Antérieur

Nous eûmes chanté
Vous fûtes resté(e)s

Futur Antérieur

Ils auront chanté
Elles seront restées

Présent

Je chante
Tu restes

Imparfait

Il chantait
Elle restait

Passé Simple

Nous chantâmes
Vous restâtes

Futur

Ils chanteront
Elles resteront

4 Temps Composés

être / avoir + participe passé
Chaque temps simple correspond à un temps composé qui conjugue être / avoir à ce même temps.

être / avoir + past participle
Compound tense uses matching simple tense for être / avoir

Examples used with chanter (sing) and rester (stay).

Quand on utilise être, le participe passé s'accorde en genre et en nombre. Des exceptions existent, elles seront traitées dans un autre manuel.

When using être with a past participle, don't forget to make sure it agrees with the gender and number. Exceptions apply; they will be addressed in another book.

42

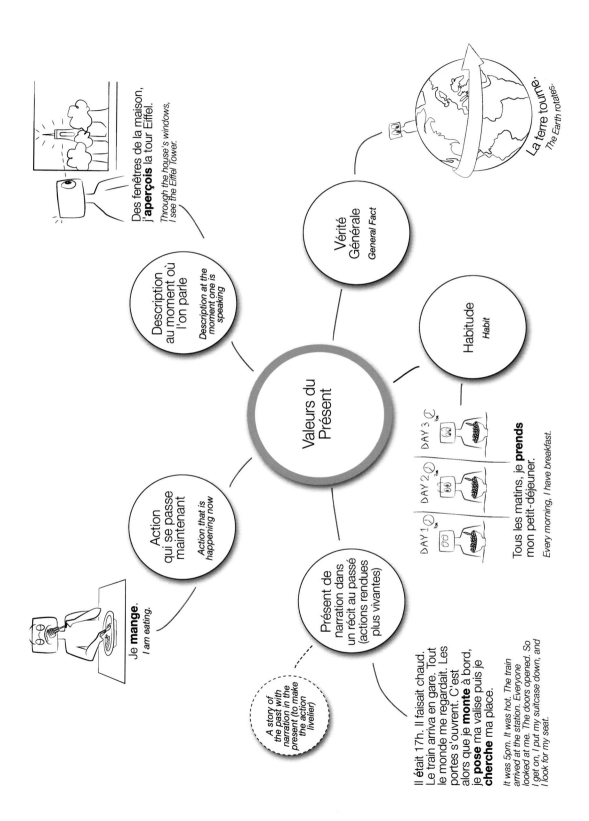

Des fenêtres de la maison, j'**aperçois** la tour Eiffel.

Through the house's windows, I see the Eiffel Tower.

La terre tourne.
The Earth rotates.

Description au moment où l'on parle

Description at the moment one is speaking

Vérité Générale
General Fact

Habitude
Habit

Valeurs du Présent

Action qui se passe maintenant

Action that is happening now

Je **mange**.
I am eating.

Tous les matins, je **prends** mon petit-déjeuner.
Every morning, I have breakfast.

Présent de narration dans un récit au passé (actions rendues plus vivantes)

A story of the past with narration in the present (to make the action livelier)

Il était 17h. Il faisait chaud. Le train arriva en gare. Tout le monde me regardait. Les portes s'ouvrent. C'est alors que je **monte** à bord, je **pose** ma valise puis je **cherche** ma place.

It was 5pm. It was hot. The train arrived at the station. Everyone looked at me. The doors opened. So I get on, I put my suitcase down, and I look for my seat.

43

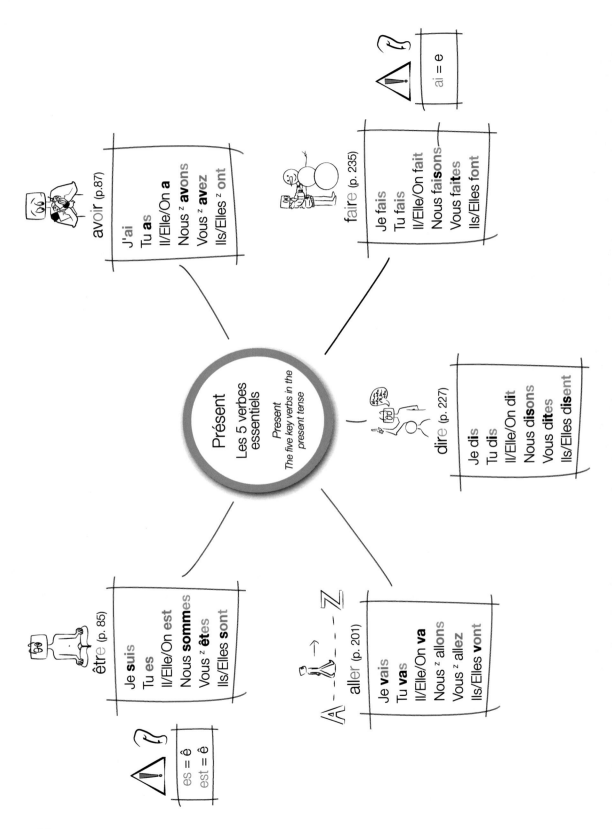

Présent
Les 5 verbes essentiels
Present
The five key verbs in the present tense

avoir (p.87)
J'ai
Tu **as**
Il/Elle/On **a**
Nous ᶻ **avons**
Vous ᶻ **avez**
Ils/Elles ᶻ **ont**

faire (p. 235)
Je fais
Tu fais
Il/Elle/On fait
Nous fai**sons**
Vous **faites**
Ils/Elles **font**

! ai = e

dire (p. 227)
Je dis
Tu dis
Il/Elle/On dit
Nous di**sons**
Vous **dites**
Ils/Elles di**sent**

être (p. 85)
Je **suis**
Tu **es**
Il/Elle/On **est**
Nous **somm**es
Vous ᶻ **êtes**
Ils/Elles **sont**

! es = ê
est = ê

aller (p. 201)
Je **vais**
Tu **vas**
Il/Elle/On **va**
Nous ᶻ allons
Vous ᶻ allez
Ils/Elles **vont**

44

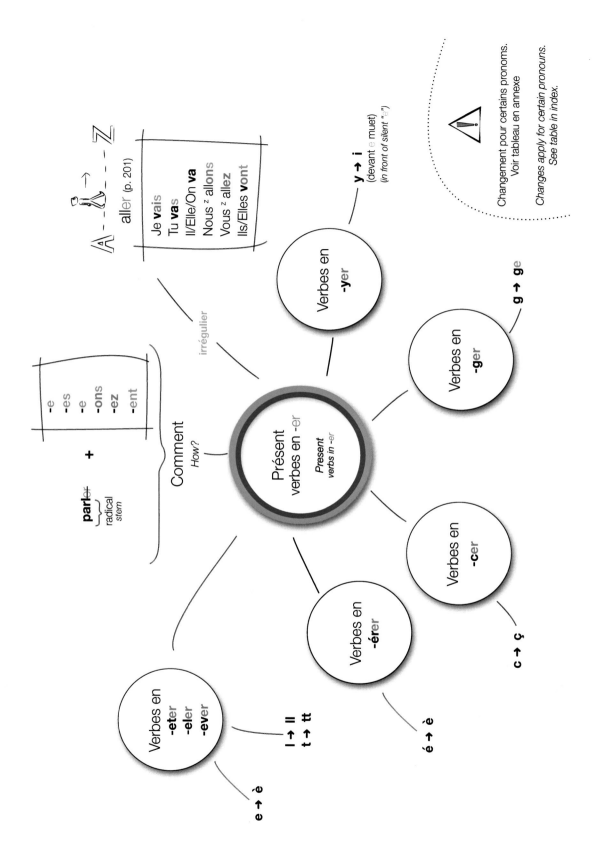

Présent verbes en -er
Present verbs in -er

irrégulier

A - - - Z

aller (p. 201)

Je **vais**
Tu **vas**
Il/Elle/On **va**
Nous ᶻ allon**s**
Vous ᶻ all**ez**
Ils/Elles **vont**

Comment
How?

parl**er**
radical
stem

+

-e
-es
-e
-**ons**
-**ez**
-ent

Verbes en **-yer**
y → i
(devant ⊝ muet)
(in front of silent "e")

Verbes en **-ger**
g → ge

Verbes en **-cer**
c → ç

Verbes en **-érer**
é → è

Verbes en **-eter -eler -ever**
l → ll
t → tt
e → è

Changement pour certains pronoms.
Voir tableau en annexe.

Changes apply for certain pronouns.
See table in index.

45

Verbes -er radicaux particuliers
-er verbs particular stems

	Règle / *Rule*	Infinitif / *Infinitive*	Radical particulier / *Particular stem*	Terminaisons
Verbes **-c**er	**c → ç** avec / *with* « nous »	commencer	**commenç-**	-ons
Verbes **-g**er	**g → g+e** avec / *with* « nous »	manger / songer	**mange-** / **songe-**	-ons
Verbes **-ér**er	**é → è** avec / *with* « je/tu/il/elle/on/ils/elles »	espérer	**espèr-**	-e, -es, -e, ~~-ons~~, ~~-ez~~, -ent
Verbes **-et**er / **-el**er / **-ev**er	**é → è** / **l → ll** / **t → tt** avec / *with* « je/tu/il/elle/on/ils/elles »	acheter / se lever / appeler / rappeler / jeter	**achèt-** / **(se) lèv-** / **appell-** / **rappell-** / **jett-**	-e, -es, -e, ~~-ons~~, ~~-ez~~, -ent
Verbes **-y**er	**y → i** devant « e » muet / *in front of silent "e"* avec / *with* « je/tu/il/elle/on/ils/elles »	envoyer / payer	**envoi-** / 2 formes possibles: *2 possible forms:* **pai-** ou **pay-**	-e, -es, -e, ~~-ons~~, ~~-ez~~, -ent

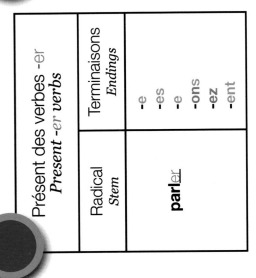

Présent des verbes -er
Present -er verbs

Radical / *Stem*	Terminaisons / *Endings*
parler	-e -es -e **-ons** **-ez** -ent

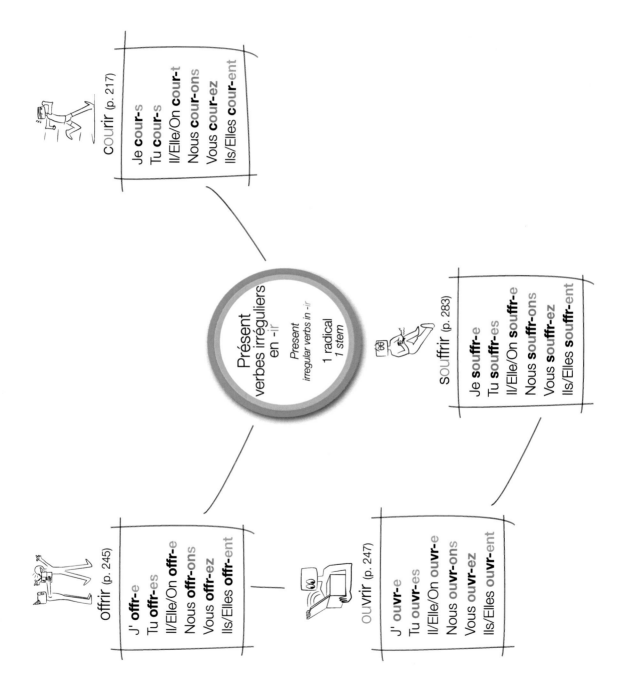

courir (p. 217)

Je **cour**-s
Tu **cour**-s
Il/Elle/On **cour**-t
Nous **cour**-ons
Vous **cour**-ez
Ils/Elles **cour**-ent

Présent
verbes irréguliers
en -ir

*Present
irregular verbs in -ir*

*1 radical
1 stem*

souffrir (p. 283)

Je **souffr**-e
Tu **souffr**-es
Il/Elle/On **souffr**-e
Nous **souffr**-ons
Vous **souffr**-ez
Ils/Elles **souffr**-ent

offrir (p. 245)

J' **offr**-e
Tu **offr**-es
Il/Elle/On **offr**-e
Nous **offr**-ons
Vous **offr**-ez
Ils/Elles **offr**-ent

ouvrir (p. 247)

J' **ouvr**-e
Tu **ouvr**-es
Il/Elle/On **ouvr**-e
Nous **ouvr**-ons
Vous **ouvr**-ez
Ils/Elles **ouvr**-ent

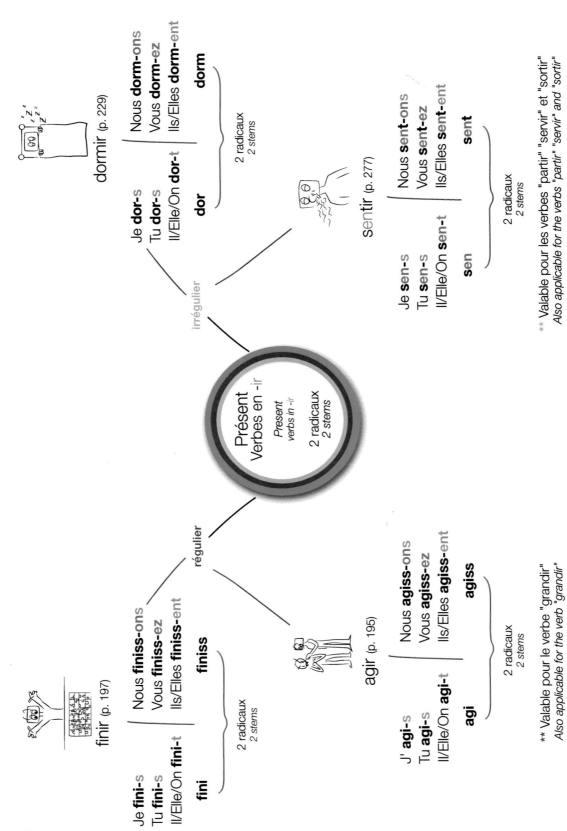

finir (p. 197)

Je **fini**-s
Tu **fini**-s
Il/Elle/On **fini**-t

fini

Nous **finiss**-ons
Vous **finiss**-ez
Ils/Elles **finiss**-ent

finiss

2 radicaux
2 stems

agir (p. 195)

J' **agi**-s
Tu **agi**-s
Il/Elle/On **agi**-t

agi

Nous **agiss**-ons
Vous **agiss**-ez
Ils/Elles **agiss**-ent

agiss

2 radicaux
2 stems

** Valable pour le verbe "grandir"
Also applicable for the verb "grandir"

régulier

Présent
Verbes en -ir

*Present
verbs in -ir*

2 radicaux
2 stems

irrégulier

dormir (p. 229)

Je **dor**-s
Tu **dor**-s
Il/Elle/On **dor**-t

dor

Nous **dorm**-ons
Vous **dorm**-ez
Ils/Elles **dorm**-ent

dorm

2 radicaux
2 stems

sentir (p. 277)

Je **sen**-s
Tu **sen**-s
Il/Elle/On **sen**-t

sen

Nous **sent**-ons
Vous **sent**-ez
Ils/Elles **sent**-ent

sent

2 radicaux
2 stems

** Valable pour les verbes "partir" "servir" et "sortir"
Also applicable for the verbs "partir" "servir" and "sortir"

48

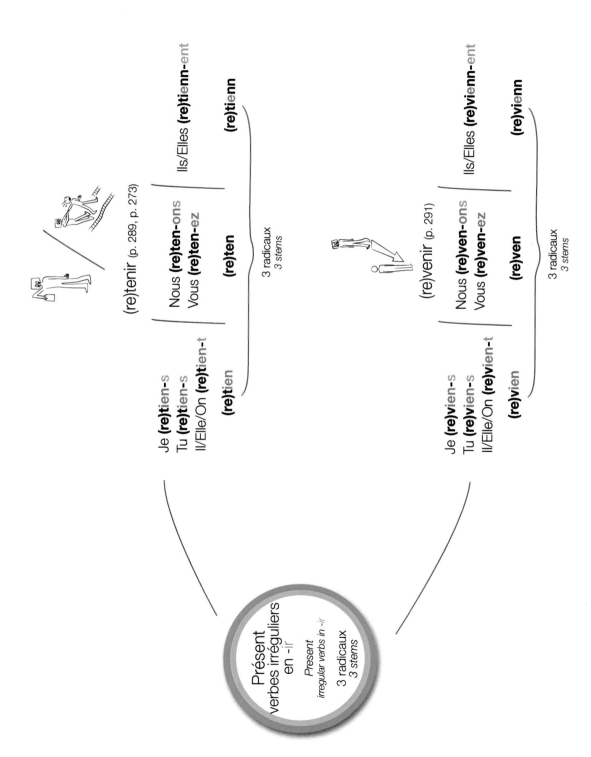

Présent
verbes irréguliers
en -ir

*Present
irregular verbs in -ir*

3 radicaux
3 stems

(re)tenir (p. 289, p. 273)

Je **(re)tien**-s
Tu **(re)tien**-s
Il/Elle/On **(re)tien**-t

(re)tien

Nous **(re)ten**-ons
Vous **(re)ten**-ez

(re)ten

Ils/Elles **(re)tienn**-ent

(re)tienn

3 radicaux
3 stems

(re)venir (p. 291)

Je **(re)vien**-s
Tu **(re)vien**-s
Il/Elle/On **(re)vien**-t

(re)vien

Nous **(re)ven**-ons
Vous **(re)ven**-ez

(re)ven

Ils/Elles **(re)vienn**-ent

(re)vienn

3 radicaux
3 stems

49

Verbes -ir 2 ou 3 radicaux
-ir verbs 2 or 3 stems

Verbes	Règle / *Rule*	Infinitif / *Infinitive*	Radical particulier / *Particular stem*		
-gir, **-nir**, **-dir**	**2 radicaux** « je/tu/il/elle/on »	agir / finir / grandir	**agi-** / **fini-** / **grandi-**	-s / -s / -t	
	2 radicaux « nous/vous/ils/elles »		**agiss-** / **finiss-** / **grandiss-**	-ons / -ez / -ent	
-mir, **-tir**, **-vir**	**2 radicaux** « je/tu/il/elle/on »	dormir / partir / sentir / servir / sortir	**dor-** / **par-** / **sen-** / **ser-** / **sor-**	-s / -s / -t	
	2 radicaux « nous/vous/ils/elles »		**dorm-** / **part-** / **sent-** / **serv-** / **sort-**	-ons / -ez / -ent	
-enir	**3 radicaux** « je/tu/il/elle/on »	(re)tenir / (re)venir	**(re)tien-** / **(re)vien-**	-s / -s / -t	
	3 radicaux « nous/vous »		**(re)ten-** / **(re)ven-**	-ons / -ez / -ent	
	3 radicaux « ils/elles »		**(re)tienn-** / **(re)vienn-**	-ent	

Présent des verbes -ir
Present -ir verbs

1 Radical / *1 Stem*	Terminaisons / *Endings*
offrir / **ouvr**ir / **souffr**ir	-e / -es / -e / -ons / -ez / -ent
courir	-s / -s / -t / -ons / -ez / -ent

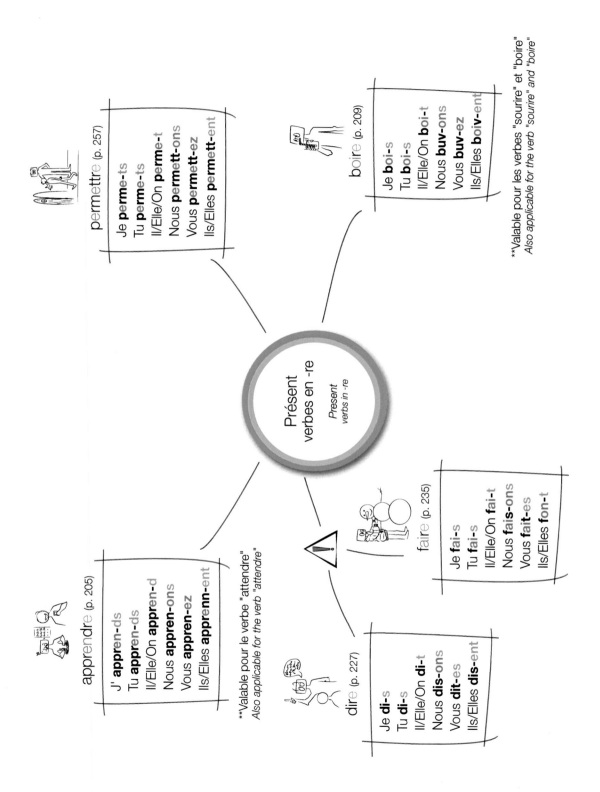

permettre (p. 257)

Je **perme**-ts
Tu **perme**-ts
Il/Elle/On **perme**-t
Nous **permett**-ons
Vous **permett**-ez
Ils/Elles **permett**-ent

boire (p. 209)

Je **boi**-s
Tu **boi**-s
Il/Elle/On **boi**-t
Nous **buv**-ons
Vous **buv**-ez
Ils/Elles **boiv**-ent

***Valable pour les verbes "sourire" et "boire"
Also applicable for the verb "sourire" and "boire"

Présent verbes en -re
Present verbs in -re

apprendre (p. 205)

J' **appren**-ds
Tu **appren**-ds
Il/Elle/On **appren**-d
Nous **appren**-ons
Vous **appren**-ez
Ils/Elles **apprenn**-ent

***Valable pour le verbe "attendre"
Also applicable for the verb "attendre"

dire (p. 227)

Je **di**-s
Tu **di**-s
Il/Elle/On **di**-t
Nous **dis**-ons
Vous **dit**-es
Ils/Elles **dis**-ent

faire (p. 235)

Je **fai**-s
Tu **fai**-s
Il/Elle/On **fai**-t
Nous **fais**-ons
Vous **fait**-es
Ils/Elles **fon**-t

Present: Verbes en -RE
Present tense: -re verbs

Infinitif / *Infinitive*	je/tu/il/elle/on	nous/vous/ils/elles		Terminaisons / *Endings*
attendre	atten-	attend-		-ds
descendre	descen-	descend-		-ds
entendre	enten-	entend-		-d
perdre	per-	perd-		-ons
répondre	répon-	répond-		-ez
		nous/vous	ils/elles	-ent
apprendre	appren-	appren-	apprenn-	
comprendre	compren-	compren-	comprenn-	
prendre	pren-	pren-	prenn-	
reprendre	repren-	repren-	reprenn-	
combattre	comba-	combatt-		-ts
				-ts
mettre	me-	mett-		-t
				-ons
permettre	perme-	permett-		-ez
				-ent

Present: Verbes en -RE
Present tense: -re verbs

Infinitif *Infinitive*	je/tu/il/elle/on	nous/vous/ils/elles		Terminaisons *Endings*
sourire	souri-	souri-		
connaître	connai-	connaiss-		-s
reconnaître	reconnai-	reconnaiss-		-s
paraître	parai-	paraiss-		-t
écrire	écri-	écriv-		-ons
suivre	sui-	suiv-		-ez
vivre	vi-	viv-		-ent
lire	li-	lis-		
peindre	pein-	peign-		
		nous/vous	ils/elles	
boire	boi-	buv-	boiv-	
croire	croi-	croy-	croi-	
dire	di-			
faire	fai-			

voir diagramme p. 51
see diagram p. 51

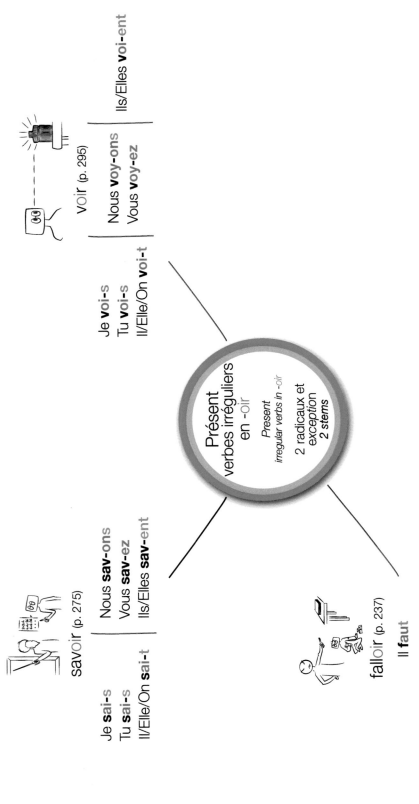

voir (p. 295)

Je **voi**-s
Tu **voi**-s
Il/Elle/On **voi**-t

Nous **voy**-ons
Vous **voy**-ez
Ils/Elles **voi**-ent

**Présent
verbes irréguliers
en** -oir

*Present
irregular verbs in* -oir

2 radicaux et
exception
2 stems

savoir (p. 275)

Je **sai**-s
Tu **sai**-s
Il/Elle/On **sai**-t

Nous **sav**-ons
Vous **sav**-ez
Ils/Elles **sav**-ent

falloir (p. 237)

Il **faut**

Verbe impersonnel se conjugue seulement avec "il"
Impersonal verbs are only conjugated with "it"

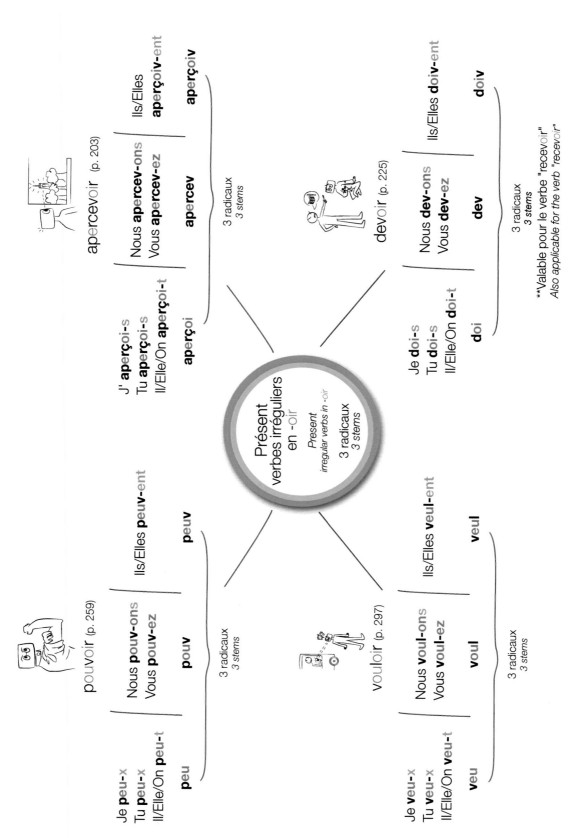

Présent
verbes irréguliers
en -oir

*Present
irregular verbs in -oir*

3 radicaux
3 stems

apercevoir (p. 203)

J' **aperçoi**-s
Tu **aperçoi**-s
Il/Elle/On **aperçoi**-t

aperçoi

Nous **apercev**-ons
Vous **apercev**-ez

apercev

Ils/Elles
aperçoiv-ent

aperçoiv

3 radicaux
3 stems

devoir (p. 225)

Je **doi**-s
Tu **doi**-s
Il/Elle/On **doi**-t

doi

Nous **dev**-ons
Vous **dev**-ez

dev

Ils/Elles **doiv**-ent

doiv

3 radicaux
3 stems

**Valable pour le verbe "recevoir"
Also applicable for the verb "recevoir"

pouvoir (p. 259)

Je **peu**-x
Tu **peu**-x
Il/Elle/On **peu**-t

peu

Nous **pouv**-ons
Vous **pouv**-ez

pouv

Ils/Elles **peuv**-ent

peuv

3 radicaux
3 stems

vouloir (p. 297)

Je **veu**-x
Tu **veu**-x
Il/Elle/On **veu**-t

veu

Nous **voul**-ons
Vous **voul**-ez

voul

Ils/Elles **veul**-ent

veul

3 radicaux
3 stems

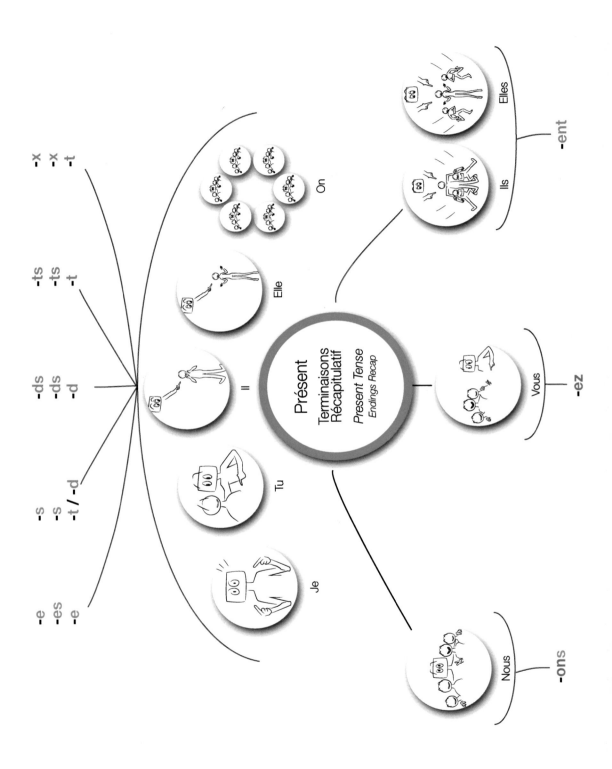

Présent

Terminaisons
Récapitulatif
Present Tense
Endings Recap

-x
-x
-t

-ts
-ts
-t

-ds
-ds
-d

-t / -d

-s
-s
-t / -d

-e
-es
-e

On

Elle

=

Tu

Je

Ils   Elles

-ent

Vous

-ez

Nous

-ons

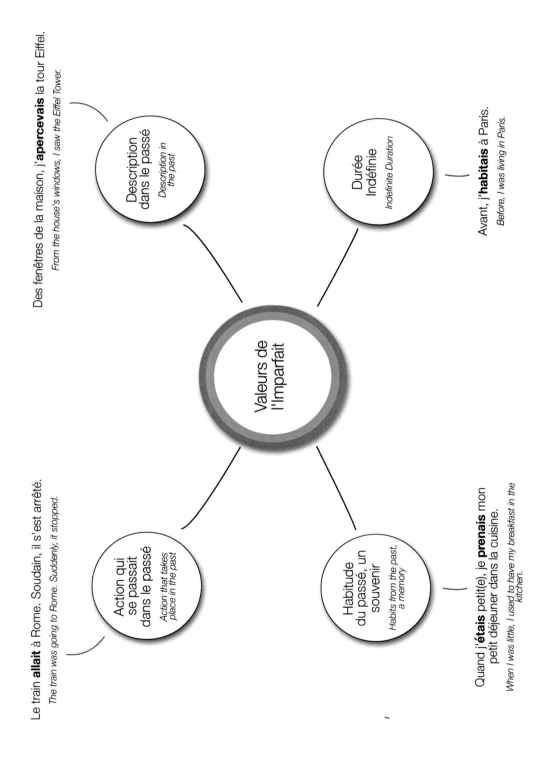

Des fenêtres de la maison, j'**apercevais** la tour Eiffel.
From the house's windows, I saw the Eiffel Tower.

Description dans le passé
Description in the past

Durée Indéfinie
Indefinite Duration

Avant, j'**habitais** à Paris.
Before, I was living in Paris.

Valeurs de l'Imparfait

Le train **allait** à Rome. Soudain, il s'est arrêté.
The train was going to Rome. Suddenly, it stopped.

Action qui se passait dans le passé
Action that takes place in the past

Habitude du passé, un souvenir
Habits from the past, a memory

Quand j'**étais** petit(e), je **prenais** mon petit déjeuner dans la cuisine.
When I was little, I used to have my breakfast in the kitchen.

57

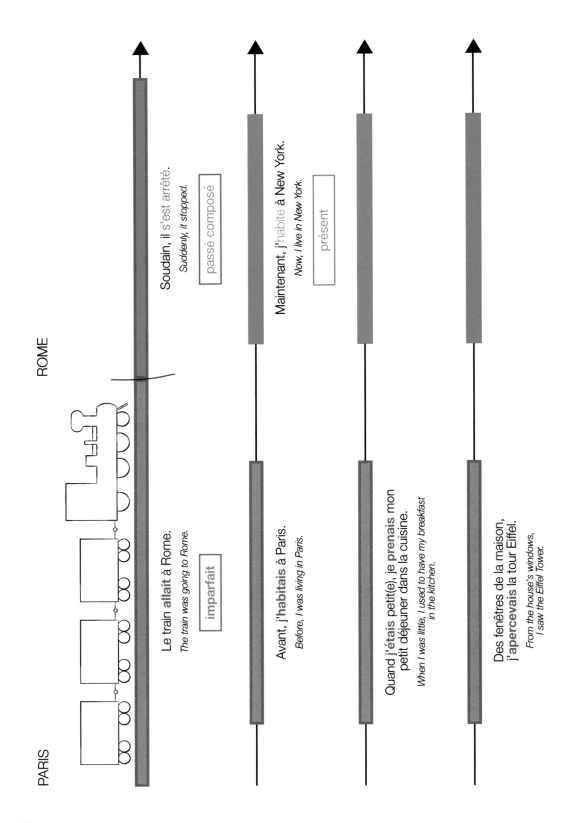

ROME

PARIS

Le train **allait** à Rome.
The train was going to Rome.

imparfait

Soudain, il s'est arrêté.
Suddenly, it stopped.

passé composé

Avant, j'**habitais** à Paris.
Before, I was living in Paris.

Maintenant, j'habite à New York.
Now, I live in New York.

présent

Quand j'**étais** petit(e), je **prenais** mon
petit déjeuner dans la cuisine.
*When I was little, I used to have my breakfast
in the kitchen.*

Des fenêtres de la maison,
j'**apercevais** la tour Eiffel.
*From the house's windows,
I saw the Eiffel Tower.*

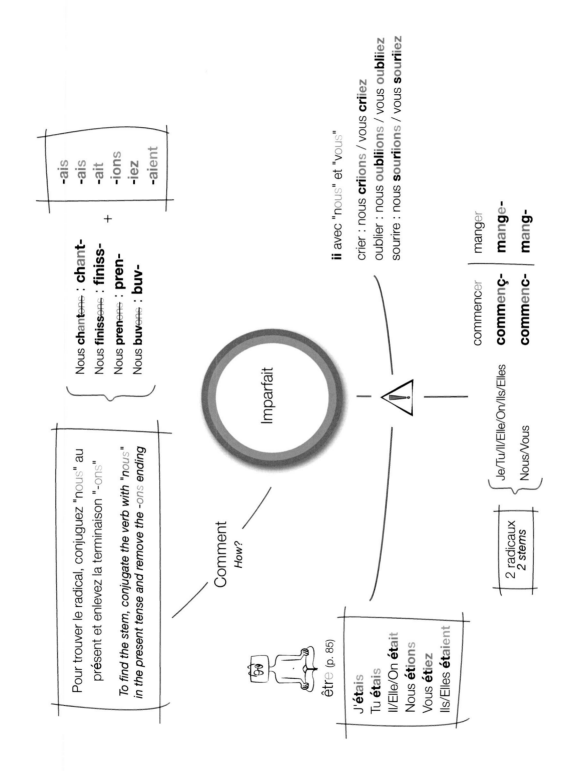

-ais
-ais
-ait
-ions
-iez
-aient

+

Nous chant~~ons~~ : **chant-**
Nous finiss~~ons~~ : **finiss-**
Nous pren~~ons~~ : **pren-**
Nous buv~~ons~~ : **buv-**

Pour trouver le radical, conjuguez "nous" au présent et enlevez la terminaison "-ons"

To find the stem, conjugate the verb with "nous" in the present tense and remove the -ons ending

Comment
How?

Imparfait

ii avec "nous" et "vous"

crier : nous **crii**ons / vous **criiez**
oublier : nous **oubli**ons / vous **oubliiez**
sourire : nous **souri**ons / vous **souriiez**

manger
mange-
mang-

commencer
commenç-
commenc-

Je/Tu/Il/Elle/On/Ils/Elles
Nous/Vous

2 radicaux
2 stems

être (p. 85)

J'**étais**
Tu **étais**
Il/Elle/On **était**
Nous **étions**
Vous **étiez**
Ils/Elles **étaient**

59

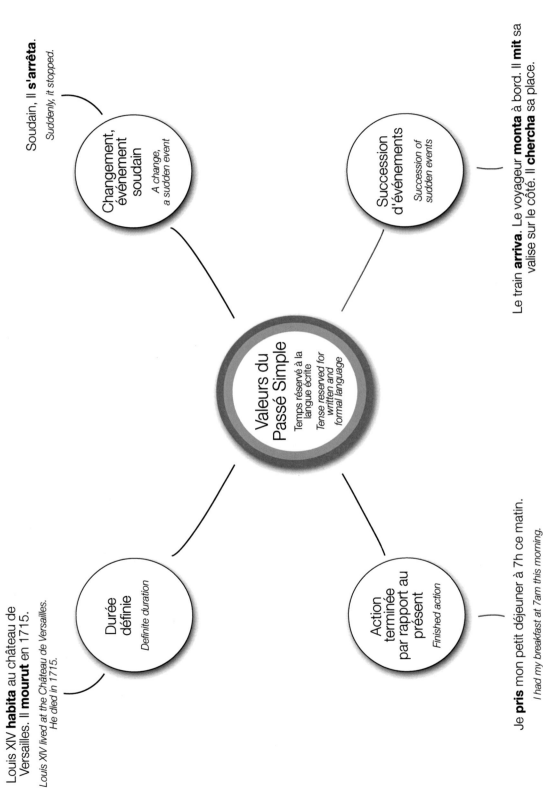

Soudain, Il **s'arrêta**.
Suddenly, it stopped.

Changement, événement soudain

A change, a sudden event

Succession d'événements

Succession of sudden events

Le train **arriva**. Le voyageur **monta** à bord. Il **mit** sa valise sur le côté. Il **chercha** sa place.

The train arrived. The traveller got on. He put his suitcase on the side. He looked for his seat.

Valeurs du Passé Simple

Temps réservé à la langue écrite

Tense reserved for written and formal language

Louis XIV **habita** au château de Versailles. Il **mourut** en 1715.

Louis XIV lived at the Château de Versailles. He died in 1715.

Durée définie

Definite duration

Action terminée par rapport au présent

Finished action

Je **pris** mon petit déjeuner à 7h ce matin.

I had my breakfast at 7am this morning.

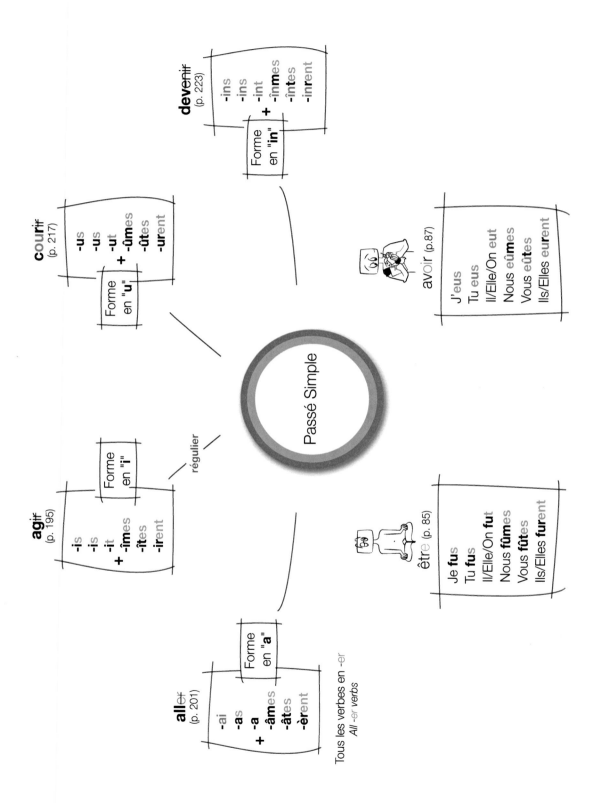

devenir (p. 223)

Forme en "**in**"
+
- -ins
- -ins
- -int
- -**în**mes
- -**în**tes
- -**in**rent

courir (p. 217)

Forme en "**u**"
+
- -**u**s
- -**u**s
- -**u**t
- -**û**mes
- -**û**tes
- -**u**rent

agir (p. 195)

Forme en "**i**"
+
- -is
- -is
- -it
- -**î**mes
- -**î**tes
- -**i**rent

régulier

av**o**ir (p.87)

J'**eus**
Tu **eus**
Il/Elle/On **eut**
Nous **eûmes**
Vous **eûtes**
Ils/Elles **eurent**

ê**t**re (p. 85)

Je **fus**
Tu **fus**
Il/Elle/On **fut**
Nous **fûmes**
Vous **fûtes**
Ils/Elles **furent**

Passé Simple

aller (p. 201)

Forme en "**a**"
+
- -ai
- -as
- -a
- -**â**mes
- -**â**tes
- -**è**rent

Tous les verbes en -er
All -er verbs

Formation du Passé Simple
Forming the "Passé Simple"

	Verbes -er *-er verbs*	Verbes -ir *-ir verbs*	Verbes -ire *-ir verbs*	Verbes -oir *-or verbs*	Verbes -oir *-oir verbs*	Verbes -dre *-dr verbs*	Verbes -tre *-tr verbs*	Verbes -vre *-vr verbs*
Forme en « a »	Tous les verbes *All verbs*							
Forme en « i »		agir dormir finir grandir offrir ouvrir partir sentir servir sortir souffrir	dire écrire : **écriv-** faire sourire	voir		attendre descendre entendre perdre rendre répondre apprendre comprendre prendre reprendre peindre : **peign-**	combattre mettre permettre	suivre
Forme en « u »		courir mourir	lire	devoir pouvoir savoir falloir apercevoir : **aperç-** recevoir : **reç-**	boire croire			vivre : **véc-**
Forme en « in »		devenir retenir tenir venir						

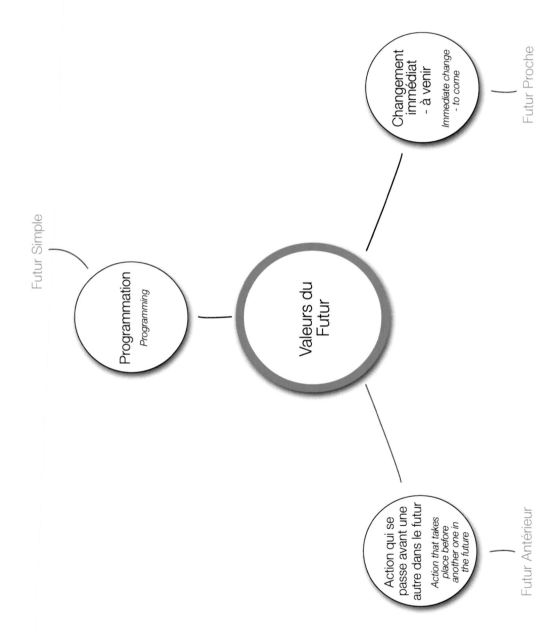

Futur Simple

Programmation
Programming

Valeurs du
Futur

Changement
immédiat
- à venir
*Immediate change
- to come*

Futur Proche

Action qui se
passe avant une
autre dans le futur
*Action that takes
place before
another one in
the future*

Futur Antérieur

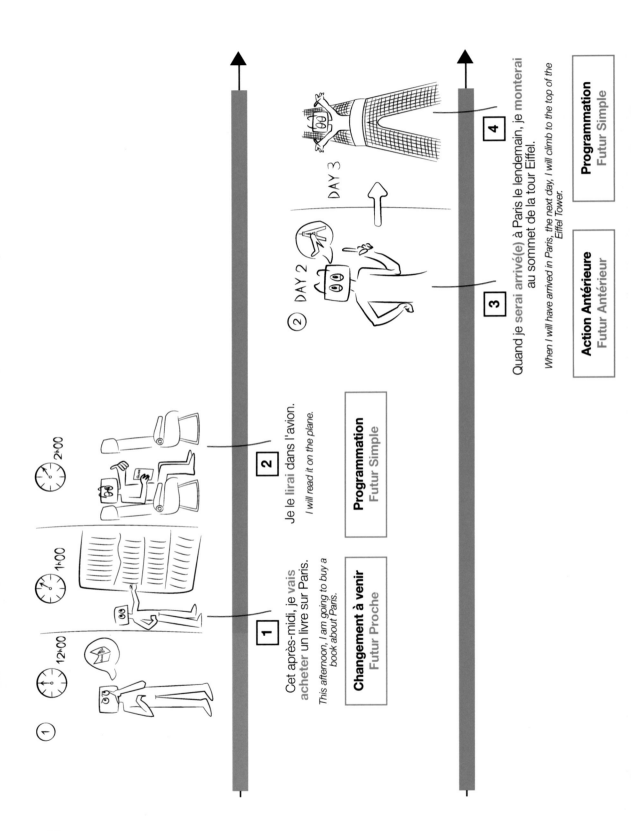

① 12ʰ00 1ʰ00 2ʰ00

Cet après-midi, je vais acheter un livre sur Paris.

This afternoon, I am going to buy a book about Paris.

Changement à venir
Futur Proche

Je le lirai dans l'avion.

I will read it on the plane.

Programmation
Futur Simple

DAY 2   DAY 3

Quand je serai arrivé(e) à Paris le lendemain, je monterai au sommet de la tour Eiffel.

When I will have arrived in Paris, the next day, I will climb to the top of the Eiffel Tower.

Action Antérieure
Futur Antérieur

Programmation
Futur Simple

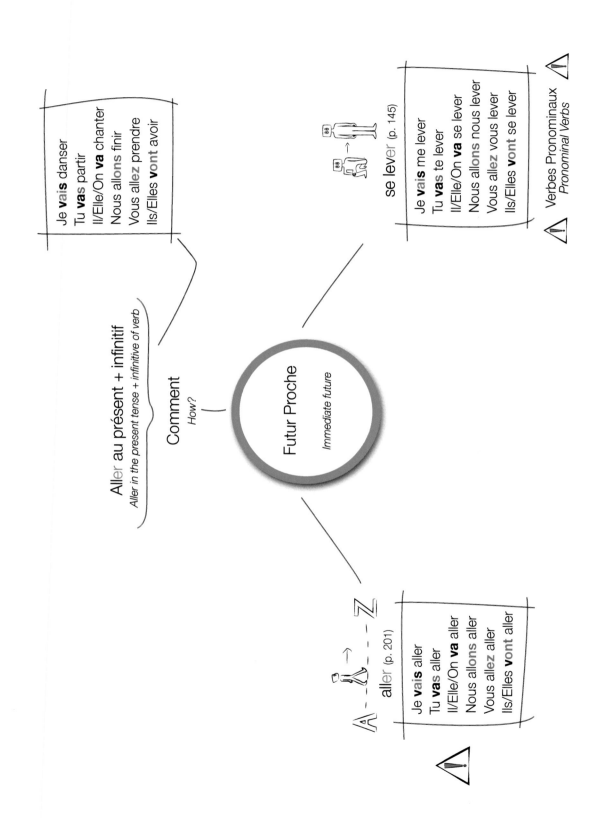

Aller au présent + infinitif
Aller in the present tense + infinitive of verb

Comment
How?

Je **vais** danser
Tu **vas** partir
Il/Elle/On **va** chanter
Nous all**ons** finir
Vous all**ez** prendre
Ils/Elles **vont** avoir

se lever (p. 145)

Je **vais** me lever
Tu **vas** te lever
Il/Elle/On **va** se lever
Nous allons nous lever
Vous allez vous lever
Ils/Elles **vont** se lever

Verbes Pronominaux
Pronominal Verbs

Futur Proche
Immediate future

A - - - Z
aller (p. 201)

Je **vais** aller
Tu **vas** aller
Il/Elle/On **va** aller
Nous allons aller
Vous all**ez** aller
Ils/Elles **vont** aller

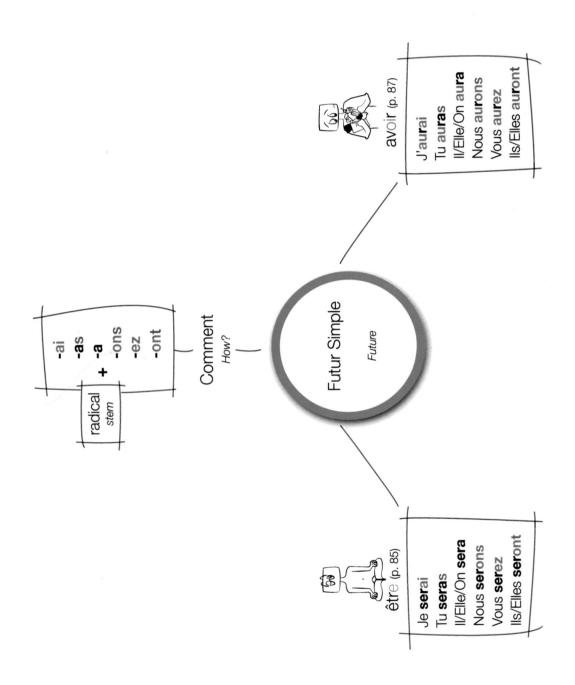

Comment
How?

radical
stem

+

-ai
-as
-a
-ons
-ez
-ont

Futur Simple
Future

avoir (p. 87)

J'aurai
Tu auras
Il/Elle/On aura
Nous aurons
Vous aurez
Ils/Elles auront

être (p. 85)

Je serai
Tu seras
Il/Elle/On sera
Nous serons
Vous serez
Ils/Elles seront

Formation du Futur
Forming the Future tense

Radical Règle générale *General stem rule*	Verbes -er *-er verbs*	Verbes -ir *-ir verbs*	Verbes -re *-re verbs* (-i**re**/-d**re**/t**re**/-v**re**)	Verbes -oir *-oir verbs*	Terminaisons *Endings*
Infinitif	Infinitif **chanter-**	Infinitif **finir-**	Infinitif **prendr**-ø		-ai -as -a -ons -ez -ont
Radicaux particuliers *Particular stems*					
Radical avec « **ll** » ou « **tt** » *Stem with "ll" or "tt"*	appeler : **appeller-** jeter : **jetter-** rappeler : **rappeller-**				
Radical avec « **è** » *Stem with "è"*	acheter : **achèter-** (se) lever : **lèver-**				
Radical avec **y → i** *Stem with y → i*	payer : **paier-**				
Radical avec « **rr** » *Stem with "rr"*	envoyer : **enverr-**	courir : **courr-** mourir : **mourr-**		pouvoir : **pourr-** voir : **verr-**	
Radical avec « **dr** » *Stem with "dr"*		devenir : **deviendr-** retenir : **retiendr-** tenir : **tiendr-** venir : **viendr-**		falloir : **faudr-** vouloir : **voudr-**	
Radical avec « **vr** » *Stem with "vr"*				apercevoir : **apercevr-** devoir : **devr-** recevoir : **recevr-**	
Radical irrégulier *Irregular stems*	aller : **ir-**		faire : **fer-**	savoir : **saur-**	

Concordance des Temps Simples et Composés
Agreement of Simple and Compound Tenses

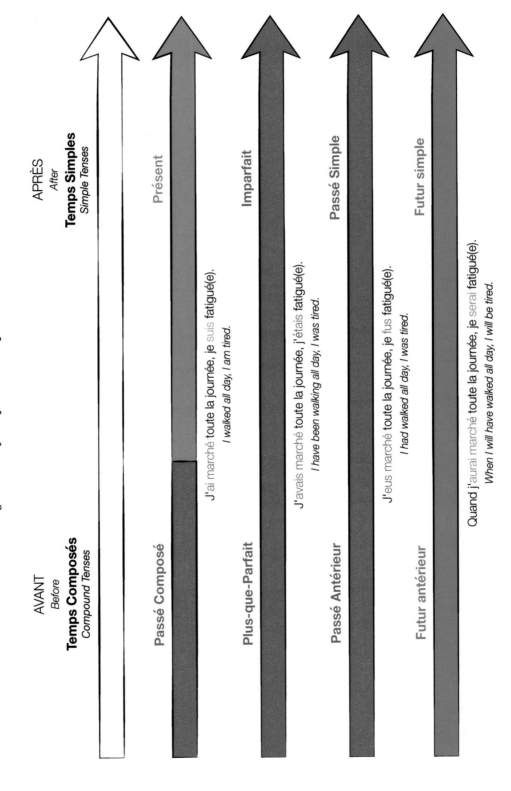

AVANT
Before
Temps Composés
Compound Tenses

APRÈS
After
Temps Simples
Simple Tenses

Présent

Passé Composé

J'ai marché toute la journée, je suis fatigué(e).
I walked all day, I am tired.

Imparfait

Plus-que-Parfait

J'avais marché toute la journée, j'étais fatigué(e).
I have been walking all day, I was tired.

Passé Simple

Passé Antérieur

J'eus marché toute la journée, je fus fatigué(e).
I had walked all day, I was tired.

Futur simple

Futur antérieur

Quand j'aurai marché toute la journée, je serai fatigué(e).
When I will have walked all day, I will be tired.

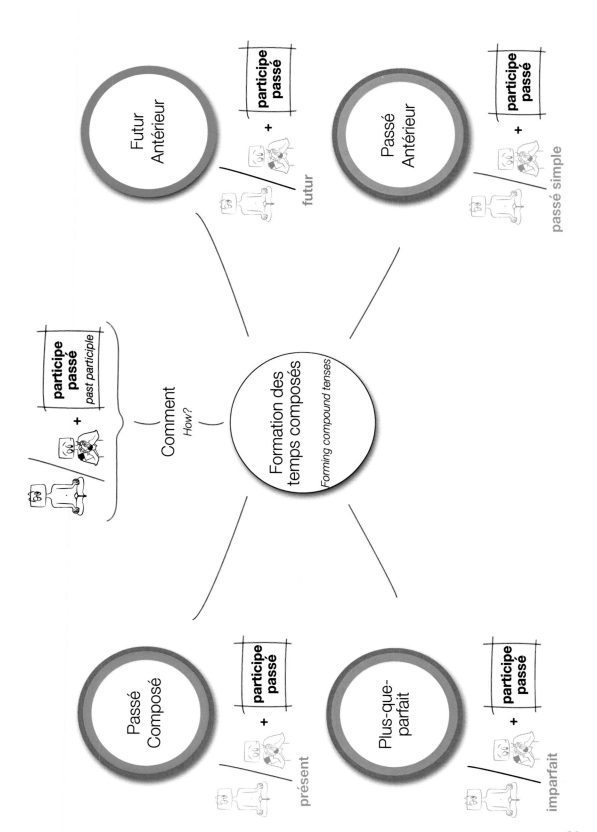

Formation des temps composés
Forming compound tenses

Comment
How?

participe
passé
past participle

+

Futur
Antérieur

participe
passé

+

futur

Passé
Antérieur

participe
passé

+

passé simple

Passé
Composé

participe
passé

+

présent

Plus-que-
parfait

participe
passé

+

imparfait

69

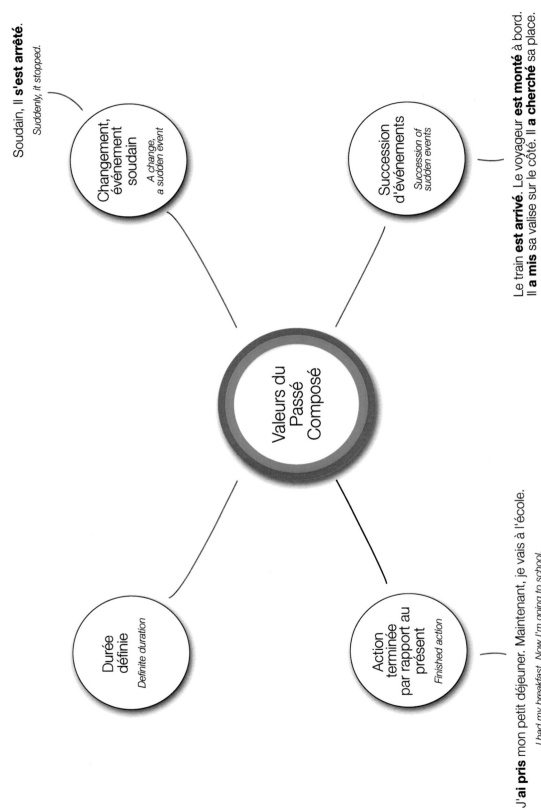

Soudain, il **s'est arrêté**.
Suddenly, it stopped.

Changement, événement soudain
A change, a sudden event

Succession d'événements
Succession of sudden events

Le train **est arrivé**. Le voyageur **est monté** à bord.
Il **a mis** sa valise sur le côté. Il **a cherché** sa place.

The train arrived. The traveler got on. He put his suitcase on the side. He looked for his seat.

Valeurs du Passé Composé

Durée définie
Definite duration

Action terminée par rapport au présent
Finished action

J'**ai pris** mon petit déjeuner. Maintenant, je vais à l'école.
I had my breakfast. Now I'm going to school.

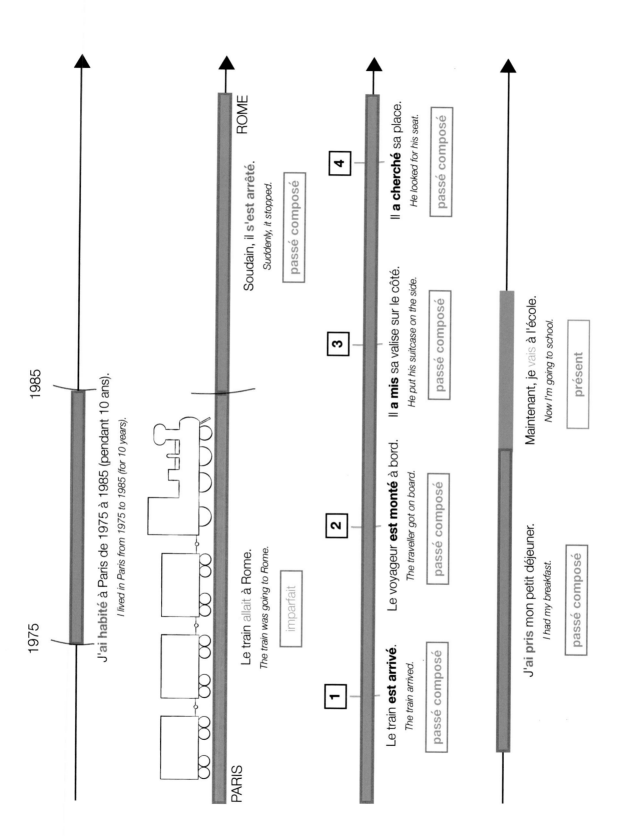

1975   1985

J'ai **habité** à Paris de 1975 à 1985 (pendant 10 ans).
I lived in Paris from 1975 to 1985 (for 10 years).

PARIS   ROME

Le train allait à Rome.
The train was going to Rome.

imparfait

Soudain, il **s'est arrêté**.
Suddenly, it stopped.

passé composé

1 Le train **est arrivé**.
The train arrived.

passé composé

2 Le voyageur **est monté** à bord.
The traveller got on board.

passé composé

3 Il **a mis** sa valise sur le côté.
He put his suitcase on the side.

passé composé

4 Il **a cherché** sa place.
He looked for his seat.

passé composé

J'**ai pris** mon petit déjeuner.
I had my breakfast.

passé composé

Maintenant, je vais à l'école.
Now I'm going to school.

présent

71

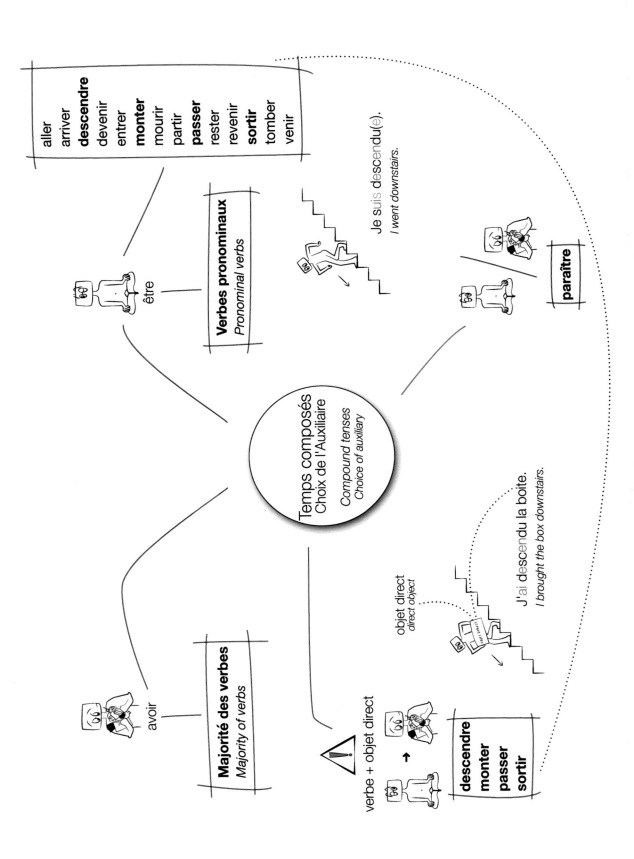

aller
arriver
descendre
devenir
entrer
monter
mourir
partir
passer
rester
revenir
sortir
tomber
venir

être

Verbes pronominaux
Pronominal verbs

Je suis descendu(e).
I went downstairs.

paraître

Temps composés
Choix de l'Auxiliaire

Compound tenses
Choice of auxiliary

avoir

Majorité des verbes
Majority of verbs

verbe + objet direct

objet direct
direct object

J'ai descendu la boite.
I brought the box downstairs.

descendre
monter
passer
sortir

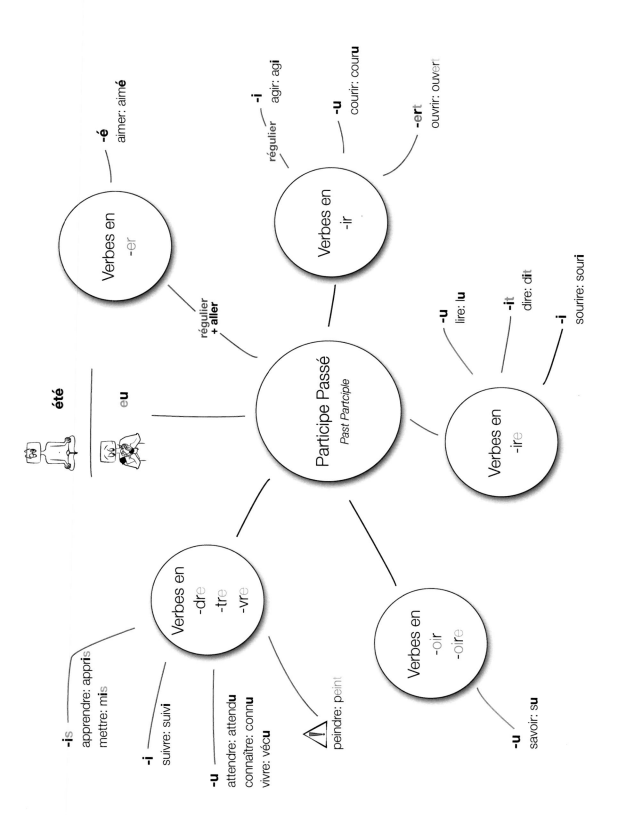

Verbes en -er
-é aimer: aim**é**

Verbes en -ir
-i régulier agi**r**: agi
-u courir: cour**u**
-ert ouvrir: ouvert

régulier **+ aller**

été
eu

Participe Passé
Past Partciple

Verbes en -ire
-u lire: l**u**
-it dire: d**it**
-i sourire: souri

Verbes en -dre -tre -vre
-is apprendre: appri**s** mettre: m**is**
-i suivre: suiv**i**
-u attendre: attend**u** connaître: conn**u** vivre: véc**u**
peindre: peint

Verbes en -oir -oire
-u savoir: s**u**

73

Participe Passé
Past Participle

	Verbes -**ir** *-ir verbs*	Verbes -**ire** *-ire verbs*	Verbes -**oir** *-oir verbs*	Verbes -**oire** *-oire verbs*	Verbes -**dre** *-dre verbs*	Verbes -**tre** *-tre verbs*	Verbes -**vre** *-vre verbs*
i	agir : agi dormir : dormi finir : fini grandir : grandi partir : parti sentir : senti servir : servi sortir : sorti	sourire : souri					suivre : suivi
is					apprendre : appris comprendre : compris prendre : pris reprendre : repris	mettre : mis permettre : permis	
it		écrire : écrit dire : dit faire : fait					
ert	offrir : offert ouvrir : ouvert souffrir : souffert						
u	courir : couru devenir : devenu retenir : retenu tenir : tenu venir : venu	lire : lu	apercevoir : aperçu devoir : dû falloir : fallu pouvoir : pu recevoir : reçu savoir : su voir : vu vouloir : voulu	boire : bu croire : cru	attendre : attendu descendre : descendu entendre : entendu perdre : perdu rendre : rendu répondre : répondu	combattre : combattu connaître : connu paraître : paru reconnaître : reconnu	vivre : vécu
	mourir : mort morte				peindre : peint		

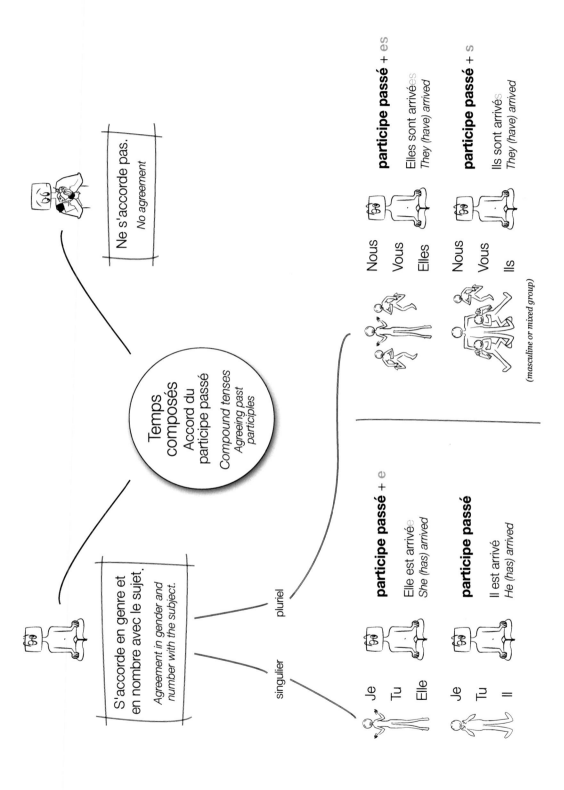

Temps composés
Accord du participe passé
Compound tenses
Agreeing past participles

S'accorde en genre et en nombre avec le sujet.
Agreement in gender and number with the subject.

Ne s'accorde pas.
No agreement

singulier

pluriel

Je
Tu
Elle

participe passé + e

Elle est arrivée
She (has) arrived

Je
Tu
Il

participe passé

Il est arrivé
He (has) arrived

Nous
Vous
Elles

participe passé + es

Elles sont arrivées
They (have) arrived

Nous
Vous
Ils

participe passé + s

Ils sont arrivés
They (have) arrived

(masculine or mixed group)

Règle Générale: les exceptions seront traitées dans un autre manuel.   *General Rule: exceptions will be covered in another manual.*

75

Utilisation des Temps du Passé: Règles Générales
Using Past Tenses: General Rules

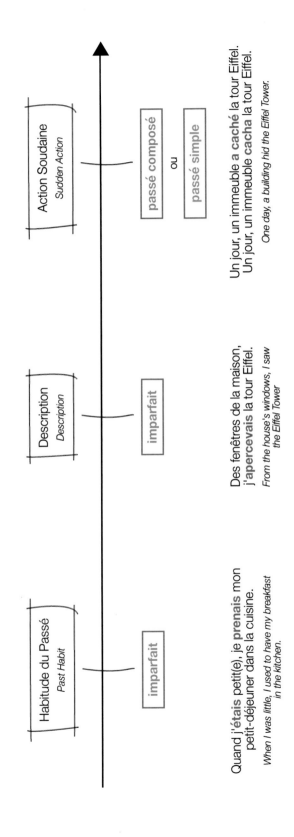

Habitude du Passé
Past Habit

imparfait

Quand j'**étais** petit(e), je **prenais** mon petit-déjeuner dans la cuisine.

When I was little, I used to have my breakfast in the kitchen.

Description
Description

imparfait

Des fenêtres de la maison, j'**apercevais** la tour Eiffel.

From the house's windows, I saw the Eiffel Tower

Action Soudaine
Sudden Action

passé composé

ou

passé simple

Un jour, un immeuble **a caché** la tour Eiffel.
Un jour, un immeuble **cacha** la tour Eiffel.

One day, a building hid the Eiffel Tower.

Utilisation des Temps du Passé: Concordance des Temps
Using Past Tenses: Agreement of Tenses

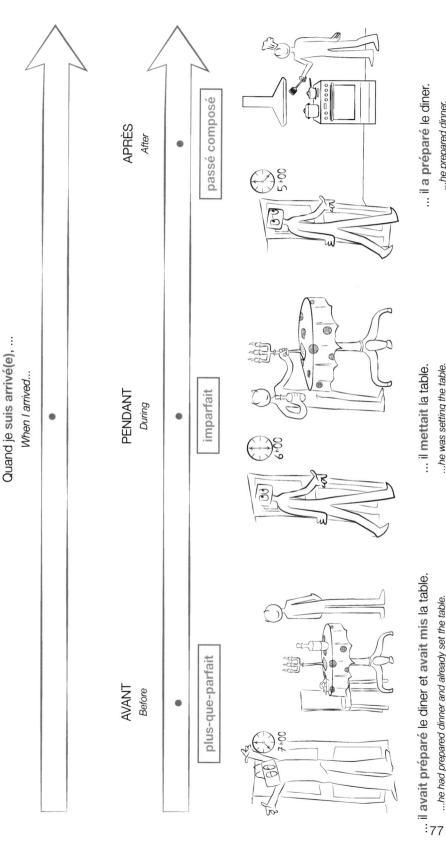

AVANT
Before

PENDANT
During

APRÈS
After

passé composé

Quand je **suis arrivé(e)**, ...
When I arrived...

plus-que-parfait

imparfait

passé composé

il **avait préparé** le dîner et **avait mis** la table.
...he had prepared dinner and already set the table.

... il **mettait** la table.
...he was setting the table.

... il **a préparé** le dîner.
...he prepared dinner.

Forme Négative des Temps Simples
Negative Form for Simple Tenses

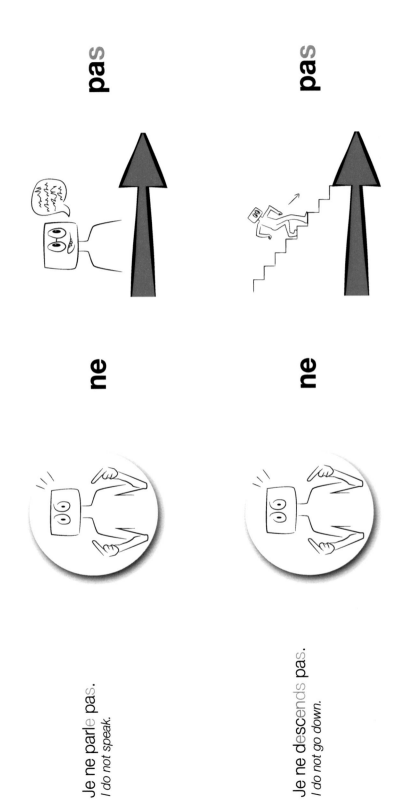

ne   pas

Je ne parle pas.
I do not speak.

ne   pas

Je ne descends pas.
I do not go down.

Forme Négative des Temps Composés
Negative Form for Compound Tenses

n'

pas

Je n'ai pas parlé.
I did not speak.

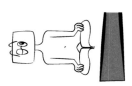

ne

pas

Je ne suis pas descendu(e).
I did not go down.

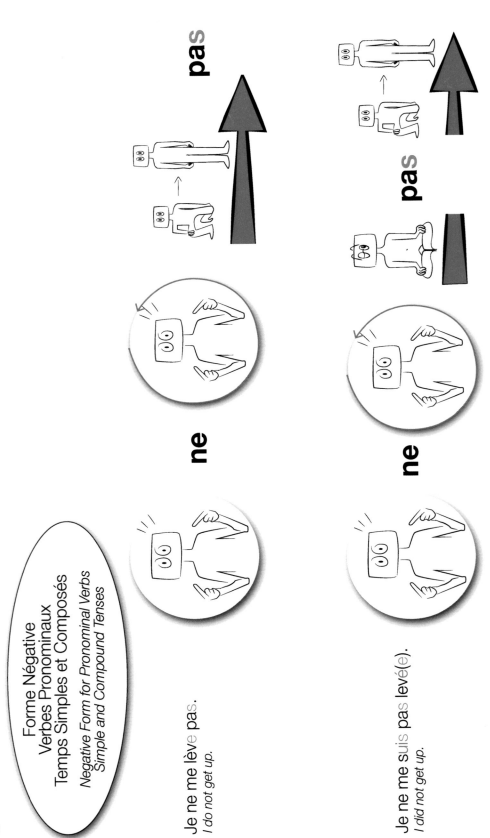

Forme Négative
Verbes Pronominaux
Temps Simples et Composés
*Negative Form for Pronominal Verbs
Simple and Compound Tenses*

pas

ne

Je ne me lève pas.
I do not get up.

pas

ne

Je ne me suis pas levé(e).
I did not get up.

Forme Négative du Futur Proche
Negative Form for the Near Future

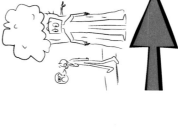

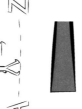

pas

pas

ne

Je ne vais pas cacher la boîte.
I am not going to hide the box.

ne

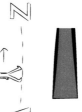

Je ne vais pas me cacher.
I am not going to hide myself.

81

Code couleur du groupe du verbe

Illustration du verbe

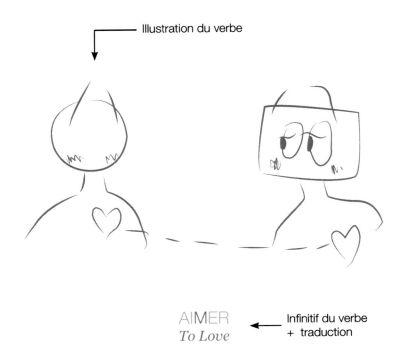

AIMER
To Love

Infinitif du verbe
+ traduction

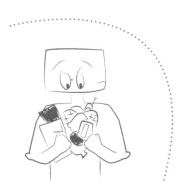

Auxiliaire des temps composés

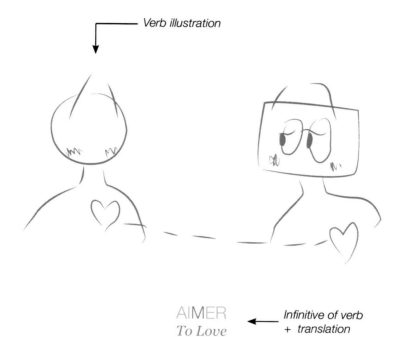

Verb group color code

Verb illustration

AIMER
To Love

Infinitive of verb
+ translation

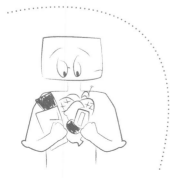

Auxiliary for composite tense

ÊTRE
To Be

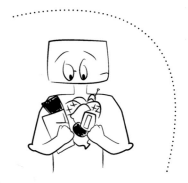

ÊTRE
To Be

Présent
je **suis**
tu **es**
il/elle/on **est**
nous **somm**es
vous ᶻ **êt**es
ils/elles **sont**

Imparfait
j'ét**ais**
tu ét**ais**
il/elle/on ét**ait**
nous ᶻ ét**ions**
vous ᶻ ét**iez**
ils/elles ᶻ ét**aient**

Passé simple
je fu**s**
tu fu**s**
il/elle/on fu**t**
nous fûm**es**
vous fût**es**
ils/elles fur**ent**

Futur simple
je ser**ai**
tu ser**as**
il/elle/on se**ra**
nous ser**ons**
vous ser**ez**
ils/elles ser**ont**

Passé composé
j'ai **été**
tu as **été**
il/elle/on a **été**
nous ᶻ avons **été**
vous ᶻ avez **été**
ils/elles ᶻ ont **été**

Plus-que-parfait
j'avais **été**
tu avais **été**
il/elle/on avait **été**
nous ᶻ avions **été**
vous ᶻ aviez **été**
ils/elles ᶻ avaient **été**

Passé antérieur
j'eus **été**
tu eus **été**
il/elle/on eut **été**
nous ᶻ eûmes **été**
vous ᶻ eûtes **été**
ils/elles ᶻ eurent **été**

Futur antérieur
j'aurai **été**
tu auras **été**
il/elle/on aura **été**
nous ᶻ aurons **été**
vous ᶻ aurez **été**
ils/elles ᶻ auront **été**

AVOIR
To Have

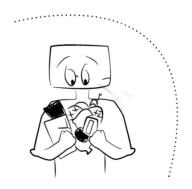

AVOIR
To Have

Présent

j'**ai**
tu **a**s
il/elle/on **a**
nous ᶻ **av**on**s**
vous ᶻ **avez**
ils/elle**s** ᶻ **ont**

Imparfait

j'av**ais**
tu av**ais**
il/elle/on av**ait**
nous ᶻ av**ions**
vous ᶻ av**iez**
ils/elle**s** ᶻ av**aient**

Passé simple

j'**eus**
tu **eus**
il/elle/on **eut**
nous ᶻ **eûm**es
vous ᶻ **eût**es
ils/elle**s** ᶻ **eur**ent

Futur simple

j'**aurai**
tu **aura**s
il/elle/on **aura**
nous ᶻ **auron**s
vous ᶻ **aurez**
ils/elle**s** ᶻ **auron**t

Passé composé

j'ai **eu**
tu as **eu**
il/elle/on a **eu**
nous ᶻ avons **eu**
vous ᶻ avez **eu**
ils/elles ᶻ ont **eu**

Plus-que-parfait

j'avais **eu**
tu avais **eu**
il/elle/on avait **eu**
nous ᶻ avions **eu**
vous ᶻ aviez **eu**
ils/elles ᶻ avaient **eu**

Passé antérieur

j'eus **eu**
tu eus **eu**
il/elle/on eut **eu**
nous ᶻ eûmes **eu**
vous ᶻ eûtes **eu**
ils/elles ᶻ eurent **eu**

Futur antérieur

j'aurai **eu**
tu auras **eu**
il/elle/on aura **eu**
nous ᶻ aurons **eu**
vous ᶻ aurez **eu**
ils/elles ᶻ auront **eu**

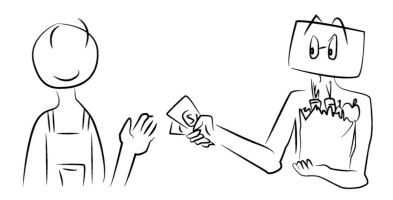

ACHETER
To Buy

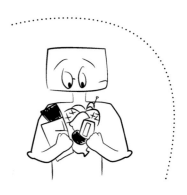

ER

ACHETER
To Buy

Présent
j'achète
tu achètes
il/elle/on achète
nous ᶻ achetons
vous ᶻ achetez
ils/elles ᶻ achètent

Imparfait
j'achetais
tu achetais
il/elle/on achetait
nous ᶻ achetions
vous ᶻ achetiez
ils/elles ᶻ achetaient

Passé simple
j'achetai
tu achetas
il/elle/on acheta
nous ᶻ achetâmes
vous ᶻ achetâtes
ils/elles ᶻ achetèrent

Futur simple
j'achèterai
tu achèteras
il/elle/on achètera
nous ᶻ achèterons
vous ᶻ achèterez
ils/elles ᶻ achèteront

Passé composé
j'ai acheté
tu as acheté
il/elle/on a acheté
nous ᶻ avons acheté
vous ᶻ avez acheté
ils/elles ᶻ ont acheté

Plus-que-parfait
j'avais acheté
tu avais acheté
il/elle/on avait acheté
nous ᶻ avions acheté
vous ᶻ aviez acheté
ils/elles ᶻ avaient acheté

Passé antérieur
j'eus acheté
tu eus acheté
il/elle/on eut acheté
nous ᶻ eûmes acheté
vous ᶻ eûtes acheté
ils/elles ᶻ eurent acheté

Futur antérieur
j'aurai acheté
tu auras acheté
il/elle/on aura acheté
nous ᶻ aurons acheté
vous ᶻ aurez acheté
ils/elles ᶻ auront acheté

AIMER
To Love

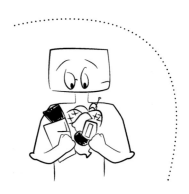

AIMER
To Love

Présent

j'aime
tu aimes
il/elle/on aime
nous ᶻ aimons
vous ᶻ aimez
ils/elles ᶻ aiment

Imparfait

j'aimais
tu aimais
il/elle/on aimait
nous ᶻ aimions
vous ᶻ aimiez
ils/elles ᶻ aimaient

Passé simple

j'aimai
tu aimas
il/elle/on aima
nous ᶻ aimâmes
vous ᶻ aimâtes
ils/elles ᶻ aimèrent

Futur simple

j'aimerai
tu aimeras
il/elle/on aimera
nous ᶻ aimerons
vous ᶻ aimerez
ils/elles ᶻ aimeront

Passé composé

j'ai aimé
tu as aimé
il/elle/on a aimé
nous ᶻ avons aimé
vous ᶻ avez aimé
ils/elles ᶻ ont aimé

Plus-que-parfait

j'avais aimé
tu avais aimé
il/elle/on avait aimé
nous ᶻ avions aimé
vous ᶻ aviez aimé
ils/elles ᶻ avaient aimé

Passé antérieur

j'eus aimé
tu eus aimé
il/elle/on eut aimé
nous ᶻ eûmes aimé
vous ᶻ eûtes aimé
ils/elles ᶻ eurent aimé

Futur antérieur

j'aurai aimé
tu auras aimé
il/elle/on aura aimé
nous ᶻ aurons aimé
vous ᶻ aurez aimé
ils/elles ᶻ auront aimé

AJOUTER
To Add

ER

AJOUTER
To Add

Présent
j'ajoute
tu ajoutes
il/elle/on ajoute
nous ᶻ ajoutons
vous ᶻ ajoutez
ils/elles ᶻ ajoutent

Imparfait
j'ajoutais
tu ajoutais
il/elle/on ajoutait
nous ᶻ ajoutions
vous ᶻ ajoutiez
ils/elles ᶻ ajoutaient

Passé simple
j'ajoutai
tu ajoutas
il/elle/on ajouta
nous ᶻ ajoutâmes
vous ᶻ ajoutâtes
ils/elles ᶻ ajoutèrent

Futur simple
j'ajouterai
tu ajouteras
il/elle/on ajoutera
nous ᶻ ajouterons
vous ᶻ ajouterez
ils/elles ᶻ ajouteront

Passé composé
j'ai ajouté
tu as ajouté
il/elle/on a ajouté
nous ᶻ avons ajouté
vous ᶻ avez ajouté
ils/elles ᶻ ont ajouté

Plus-que-parfait
j'avais ajouté
tu avais ajouté
il/elle/on avait ajouté
nous ᶻ avions ajouté
vous ᶻ aviez ajouté
ils/elles ᶻ avaient ajouté

Passé antérieur
j'eus ajouté
tu eus ajouté
il/elle/on eut ajouté
nous ᶻ eûmes ajouté
vous ᶻ eûtes ajouté
ils/elles ᶻ eurent ajouté

Futur antérieur
j'aurai ajouté
tu auras ajouté
il/elle/on aura ajouté
nous ᶻ aurons ajouté
vous ᶻ aurez ajouté
ils/elles ᶻ auront ajouté

APPELER
To Call

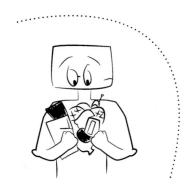

APPELER
To Call

Présent
j'appel**le**
tu appel**les**
il/elle/on appel**le**
nous ᶻ appel**ons**
vous ᶻ appel**ez**
il**s**/elle**s** ᶻ appel**lent**

Imparfait
j'appel**ais**
tu appel**ais**
il/elle/on appel**ait**
nous ᶻ appel**ions**
vous ᶻ appel**iez**
il**s**/elle**s** ᶻ appel**aient**

Passé simple
j'appel**ai**
tu appel**as**
il/elle/on appel**a**
nous ᶻ appel**âm**es
vous ᶻ appel**ât**es
il**s**/elle**s** ᶻ appel**èr**ent

Futur simple
j'appel**lerai**
tu appel**leras**
il/elle/on appel**lera**
nous ᶻ appel**lerons**
vous ᶻ appel**lerez**
il**s**/elle**s** ᶻ appel**leront**

Passé composé
j'ai appel**é**
tu as appel**é**
il/elle/on a appel**é**
nous ᶻ avons appel**é**
vous ᶻ avez appel**é**
il**s**/elle**s** ᶻ ont appel**é**

Plus-que-parfait
j'avais appel**é**
tu avais appel**é**
il/elle/on avait appel**é**
nous ᶻ avions appel**é**
vous ᶻ aviez appel**é**
il**s**/elle**s** ᶻ avaient appel**é**

Passé antérieur
j'eus appel**é**
tu eus appel**é**
il/elle/on eut appel**é**
nous ᶻ eûmes appel**é**
vous ᶻ eûtes appel**é**
il**s**/elle**s** ᶻ eurent appel**é**

Futur antérieur
j'aurai appel**é**
tu auras appel**é**
il/elle/on aura appel**é**
nous ᶻ aurons appel**é**
vous ᶻ aurez appel**é**
il**s**/elle**s** ᶻ auront appel**é**

ARRÊTER
To Stop

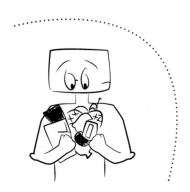

ARRÊTER
To Stop

Présent
j'arrête
tu arrêtes
il/elle/on arrête
nous ᶻ arrêtons
vous ᶻ arrêtez
ils/elles ᶻ arrêtent

Imparfait
j'arrêtais
tu arrêtais
il/elle/on arrêtait
nous ᶻ arrêtions
vous ᶻ arrêtiez
ils/elles ᶻ arrêtaient

Passé simple
j'arrêtai
tu arrêtas
il/elle/on arrêta
nous ᶻ arrêtâmes
vous ᶻ arrêtâtes
ils/elles ᶻ arrêtèrent

Futur simple
j'arrêterai
tu arrêteras
il/elle/on arrêtera
nous ᶻ arrêterons
vous ᶻ arrêterez
ils/elles ᶻ arrêteront

Passé composé
j'ai arrêté
tu as arrêté
il/elle/on a arrêté
nous ᶻ avons arrêté
vous ᶻ avez arrêté
ils/elles ᶻ ont arrêté

Plus-que-parfait
j'avais arrêté
tu avais arrêté
il/elle/on avait arrêté
nous ᶻ avions arrêté
vous ᶻ aviez arrêté
ils/elles ᶻ avaient arrêté

Passé antérieur
j'eus arrêté
tu eus arrêté
il/elle/on eut arrêté
nous ᶻ eûmes arrêté
vous ᶻ eûtes arrêté
ils/elles ᶻ eurent arrêté

Futur antérieur
j'aurai arrêté
tu auras arrêté
il/elle/on aura arrêté
nous ᶻ aurons arrêté
vous ᶻ aurez arrêté
ils/elles ᶻ auront arrêté

ARRIVER
To Arrive

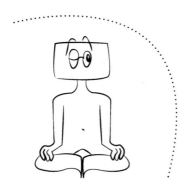

ARRIVER
To Arrive

Présent
j'arrive
tu arrives
il/elle/on arrive
nous ^z arrivons
vous ^z arrivez
ils/elles ^z arrivent

Passé composé
je suis arrivé (ée)
tu es arrivé (ée)
il/elle/on est arrivé (ée)
nous sommes arrivés (ées)
vous ^z êtes arrivés (ées)
ils/elles sont arrivés (ées)

Imparfait
j'arrivais
tu arrivais
il/elle/on arrivait
nous ^z arrivions
vous ^z arriviez
ils/elles ^z arrivaient

Plus-que-parfait
j'étais arrivé (ée)
tu étais arrivé (ée)
il/elle/on était arrivé (ée)
nous ^z étions arrivés (ées)
vous ^z étiez arrivés (ées)
ils/elles ^z étaient arrivés (ées)

Passé simple
j'arrivai
tu arrivas
il/elle/on arriva
nous ^z arrivâmes
vous ^z arrivâtes
ils/elles ^z arrivèrent

Passé antérieur
je fus arrivé (ée)
tu fus arrivé (ée)
il/elle/on fut arrivé (ée)
nous fûmes arrivés (ées)
vous fûtes arrivés (ées)
ils/elles furent arrivés (ées)

Futur simple
j'arriverai
tu arriveras
il/elle/on arrivera
nous ^z arriverons
vous ^z arriverez
ils/elles ^z arriveront

Futur antérieur
je serai arrivé (ée)
tu seras arrivé (ée)
il/elle/on sera arrivé (ée)
nous serons arrivés (ées)
vous serez arrivés (ées)
ils/elles seront arrivés (ées)

CACHER
To Hide

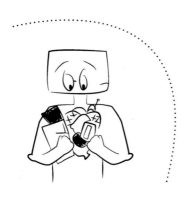

CACHER
To Hide

Présent
je cache
tu caches
il/elle/on cache
nous cachons
vous cachez
ils/elles cachent

Imparfait
je cachais
tu cachais
il/elle/on cachait
nous cachions
vous cachiez
ils/elles cachaient

Passé simple
je cachai
tu cachas
il/elle/on cacha
nous cachâmes
vous cachâtes
ils/elles cachèrent

Futur simple
je cacherai
tu cacheras
il/elle/on cachera
nous cacherons
vous cacherez
ils/elles cacheront

Passé composé
j'ai caché
tu as caché
il/elle/on a caché
nous ᶻ avons caché
vous ᶻ avez caché
ils/elles ᶻ ont caché

Plus-que-parfait
j'avais caché
tu avais caché
il/elle/on avait caché
nous ᶻ avions caché
vous ᶻ aviez caché
ils/elles ᶻ avaient caché

Passé antérieur
j'eus caché
tu eus caché
il/elle/on eut caché
nous ᶻ eûmes caché
vous ᶻ eûtes caché
ils/elles ᶻ eurent caché

Futur antérieur
j'aurai caché
tu auras caché
il/elle/on aura caché
nous ᶻ aurons caché
vous ᶻ aurez caché
ils/elles ᶻ auront caché

(SE) CACHER
To Hide (oneself)

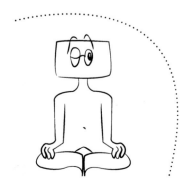

(SE) CACHER
To Hide (oneself)

Présent
je me cache
tu te caches
il/elle/on se cache
nous nous cachons
vous vous cachez
ils/elles se cachent

Imparfait
je me cachais
tu te cachais
il/elle/on se cachait
nous nous cachions
vous vous cachiez
ils/elles se cachaient

Passé simple
je me cachai
tu te cachas
il/elle/on se cacha
nous nous cachâmes
vous vous cachâtes
ils/elles se cachèrent

Futur simple
je me cacherai
tu te cacheras
il/elle/on se cachera
nous nous cacherons
vous vous cacherez
ils/elles se cacheront

Passé composé
je me suis caché (ée)
tu t'es caché (ée)
il/elle s'est caché (ée)
nous nous sommes cachés (ées)
vous vous ᶻ êtes cachés (ées)
ils/elles se sont cachés (ées)

Plus-que-parfait
je m'étais caché (ée)
tu t'étais caché (ée)
il/elle s'était caché (ée)
nous nous ᶻ étions cachés (ées)
vous vous ᶻ étiez cachés (ées)
ils/elles s'étaient cachés (ées)

Passé antérieur
je me fus caché (ée)
tu te fus caché (ée)
il/elle se fut caché (ée)
nous nous fûmes cachés (ées)
vous vous fûtes cachés (ées)
ils/elles se furent cachés (ées)

Futur antérieur
je me serai caché (ée)
tu te seras caché (ée)
il/elle se sera caché (ée)
nous nous serons cachés (ées)
vous vous serez cachés (ées)
ils/elles se seront cachés (ées)

CHANTER
To Sing

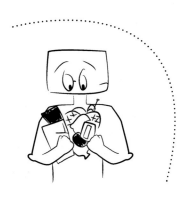

CHANTER
To Sing

Présent
je chante
tu chantes
il/elle/on chante
nous chantons
vous chantez
ils/elles chantent

Imparfait
je chantais
tu chantais
il/elle/on chantait
nous chantions
vous chantiez
ils/elles chantaient

Passé simple
je chantai
tu chantas
il/elle/on chanta
nous chantâmes
vous chantâtes
ils/elles chantèrent

Futur simple
je chanterai
tu chanteras
il/elle/on chantera
nous chanterons
vous chanterez
ils/elles chanteront

Passé composé
j'ai chanté
tu as chanté
il/elle/on a chanté
nous ᶻ avons chanté
vous ᶻ avez chanté
ils/elles ᶻ ont chanté

Plus-que-parfait
j'avais chanté
tu avais chanté
il/elle/on avait chanté
nous ᶻ avions chanté
vous ᶻ aviez chanté
ils/elles ᶻ avaient chanté

Passé antérieur
j'eus chanté
tu eus chanté
il/elle/on eut chanté
nous ᶻ eûmes chanté
vous ᶻ eûtes chanté
ils/elles ᶻ eurent chanté

Futur antérieur
j'aurai chanté
tu auras chanté
il/elle/on aura chanté
nous ᶻ aurons chanté
vous ᶻ aurez chanté
ils/elles ᶻ auront chanté

CHERCHER
To Look For

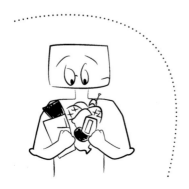

CHERCHER
To Look For

Présent
je cherche
tu cherches
il/elle/on cherche
nous cherchons
vous cherchez
ils/elles cherchent

Imparfait
je cherchais
tu cherchais
il/elle/on cherchait
nous cherchions
vous cherchiez
ils/elles cherchaient

Passé simple
je cherchai
tu cherchas
il/elle/on chercha
nous cherchâmes
vous cherchâtes
ils/elles cherchèrent

Futur simple
je chercherai
tu chercheras
il/elle/on cherchera
nous chercherons
vous chercherez
ils/elles chercheront

Passé composé
j'ai cherché
tu as cherché
il/elle/on a cherché
nous ᶻ avons cherché
vous ᶻ avez cherché
ils/elles ᶻ ont cherché

Plus-que-parfait
j'avais cherché
tu avais cherché
il/elle/on avait cherché
nous ᶻ avions cherché
vous ᶻ aviez cherché
ils/elles ᶻ avaient cherché

Passé antérieur
j'eus cherché
tu eus cherché
il/elle/on eut cherché
nous ᶻ eûmes cherché
vous ᶻ eûtes cherché
ils/elles ᶻ eurent cherché

Futur antérieur
j'aurai cherché
tu auras cherché
il/elle/on aura cherché
nous ᶻ aurons cherché
vous ᶻ aurez cherché
ils/elles ᶻ auront cherché

COMMENCER
To Begin

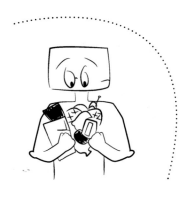

ER

COMMENCER
To Begin

Présent	**Passé composé**
je commence	j'ai commencé
tu commences	tu as commencé
il/elle/on commence	il/elle/on a commencé
nous commençons	nous ᶻ avons commencé
vous commencez	vous ᶻ avez commencé
ils/elles commencent	ils/elles ᶻ ont commencé

Imparfait	**Plus-que-parfait**
je commençais	j'avais commencé
tu commençais	tu avais commencé
il/elle/on commençait	il/elle/on avait commencé
nous commencions	nous ᶻ avions commencé
vous commenciez	vous ᶻ aviez commencé
ils/elles commençaient	ils/elles ᶻ avaient commencé

Passé simple	**Passé antérieur**
je commençai	j'eus commencé
tu commenças	tu eus commencé
il/elle/on commença	il/elle/on eut commencé
nous commençâmes	nous ᶻ eûmes commencé
vous commençâtes	vous ᶻ eûtes commencé
ils/elles commencèrent	ils/elles ᶻ eurent commencé

Futur simple	**Futur antérieur**
je commencerai	j'aurai commencé
tu commenceras	tu auras commencé
il/elle/on commencera	il/elle/on aura commencé
nous commencerons	nous ᶻ aurons commencé
vous commencerez	vous ᶻ aurez commencé
ils/elles commenceront	ils/elles ᶻ auront commencé

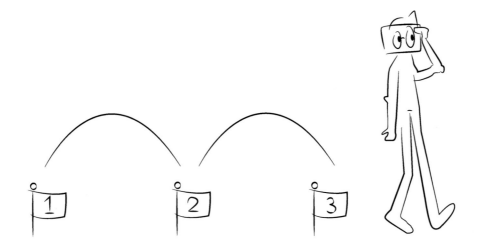

CONTINUER
To Continue

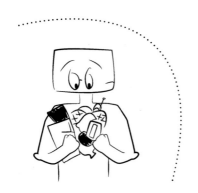

CONTINUER
To Continue

Présent
je continue
tu continues
il/elle/on continue
nous continuons
vous continuez
ils/elles continuent

Imparfait
je continuais
tu continuais
il/elle/on continuait
nous continuions
vous continuiez
ils/elles continuaient

Passé simple
je continuai
tu continuas
il/elle/on continua
nous continuâmes
vous continuâtes
ils/elles continuèrent

Futur simple
je continuerai
tu continueras
il/elle/on continuera
nous continuerons
vous continuerez
ils/elles continueront

Passé composé
j'ai continué
tu as continué
il/elle/on a continué
nous ᶻ avons continué
vous ᶻ avez continué
ils/elles ᶻ ont continué

Plus-que-parfait
j'avais continué
tu avais continué
il/elle/on avait continué
nous ᶻ avions continué
vous ᶻ aviez continué
ils/elles ᶻ avaient continué

Passé antérieur
j'eus continué
tu eus continué
il/elle/on eut continué
nous ᶻ eûmes continué
vous ᶻ eûtes continué
ils/elles ᶻ eurent continué

Futur antérieur
j'aurai continué
tu auras continué
il/elle/on aura continué
nous ᶻ aurons continué
vous ᶻ aurez continué
ils/elles ᶻ auront continué

CRIER
To Scream

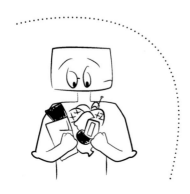

CRIER
To Scream

Présent
je cri**e**
tu cri**es**
il/elle/on cri**e**
nous cri**ons**
vous cri**ez**
ils/elles cri**ent**

Imparfait
je cri**ais**
tu cri**ais**
il/elle/on cri**ait**
nous cri**ions**
vous cri**iez**
ils/elles cri**aient**

Passé simple
je cri**ai**
tu cri**as**
il/elle/on cri**a**
nous cri**âm**es
vous cri**ât**es
ils/elles cri**èr**ent

Futur simple
je cri**erai**
tu cri**eras**
il/elle/on cri**era**
nous cri**erons**
vous cri**erez**
ils/elles cri**eront**

Passé composé
j'ai cri**é**
tu as cri**é**
il/elle/on a cri**é**
nous ᶻ avons cri**é**
vous ᶻ avez cri**é**
ils/elles ᶻ ont cri**é**

Plus-que-parfait
j'avais cri**é**
tu avais cri**é**
il/elle/on avait cri**é**
nous ᶻ avions cri**é**
vous ᶻ aviez cri**é**
ils/elles ᶻ avaient cri**é**

Passé antérieur
j'eus cri**é**
tu eus cri**é**
il/elle/on eut cri**é**
nous ᶻ eûmes cri**é**
vous ᶻ eûtes cri**é**
ils/elles ᶻ eurent cri**é**

Futur antérieur
j'aurai cri**é**
tu auras cri**é**
il/elle/on aura cri**é**
nous ᶻ aurons cri**é**
vous ᶻ aurez cri**é**
ils/elles ᶻ auront cri**é**

DANSER
To Dance

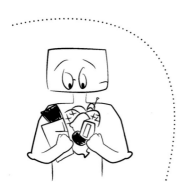

DANSER
To Dance

Présent
je danse
tu danses
il/elle/on danse
nous dansons
vous dansez
ils/elles dansent

Imparfait
je dansais
tu dansais
il/elle/on dansait
nous dansions
vous dansiez
ils/elles dansaient

Passé simple
je dansai
tu dansas
il/elle/on dansa
nous dansâmes
vous dansâtes
ils/elles dansèrent

Futur simple
je danserai
tu danseras
il/elle/on dansera
nous danserons
vous danserez
ils/elles danseront

Passé composé
j'ai dansé
tu as dansé
il/elle/on a dansé
nous ᶻ avons dansé
vous ᶻ avez dansé
ils/elles ᶻ ont dansé

Plus-que-parfait
j'avais dansé
tu avais dansé
il/elle/on avait dansé
nous ᶻ avions dansé
vous ᶻ aviez dansé
ils/elles ᶻ avaient dansé

Passé antérieur
j'eus dansé
tu eus dansé
il/elle/on eut dansé
nous ᶻ eûmes dansé
vous ᶻ eûtes dansé
ils/elles ᶻ eurent dansé

Futur antérieur
j'aurai dansé
tu auras dansé
il/elle/on aura dansé
nous ᶻ aurons dansé
vous ᶻ aurez dansé
ils/elles ᶻ auront dansé

DEMANDER
To Ask

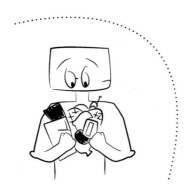

DEMANDER
To Ask

Présent
je demande
tu demandes
il/elle/on demande
nous demandons
vous demandez
ils/elles demandent

Imparfait
je demandais
tu demandais
il/elle/on demandait
nous demandions
vous demandiez
ils/elles demandaient

Passé simple
je demandai
tu demandas
il/elle/on demanda
nous demandâmes
vous demandâtes
ils/elles demandèrent

Futur simple
je demanderai
tu demanderas
il/elle/on demandera
nous demanderons
vous demanderez
ils/elles demanderont

Passé composé
j'ai demandé
tu as demandé
il/elle/on a demandé
nous ᶻ avons demandé
vous ᶻ avez demandé
ils/elles ᶻ ont demandé

Plus-que-parfait
j'avais demandé
tu avais demandé
il/elle/on avait demandé
nous ᶻ avions demandé
vous ᶻ aviez demandé
ils/elles ᶻ avaient demandé

Passé antérieur
j'eus demandé
tu eus demandé
il/elle/on eut demandé
nous ᶻ eûmes demandé
vous ᶻ eûtes demandé
ils/elles ᶻ eurent demandé

Futur antérieur
j'aurai demandé
tu auras demandé
il/elle/on aura demandé
nous ᶻ aurons demandé
vous ᶻ aurez demandé
ils/elles ᶻ auront demandé

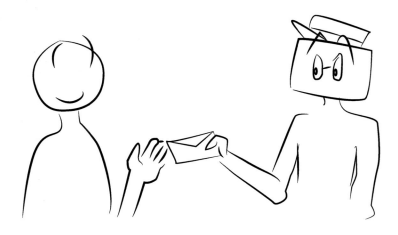

DONNER
To Give

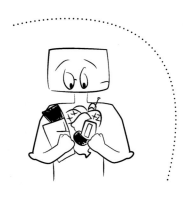

DONNER
To Give

Présent	**Passé composé**
je donne	j'ai donné
tu donnes	tu as donné
il/elle/on donne	il/elle/on a donné
nous donnons	nous ᶻ avons donné
vous donnez	vous ᶻ avez donné
ils/elles donnent	ils/elles ᶻ ont donné
Imparfait	**Plus-que-parfait**
je donnais	j'avais donné
tu donnais	tu avais donné
il/elle/on donnait	il/elle/on avait donné
nous donnions	nous ᶻ avions donné
vous donniez	vous ᶻ aviez donné
ils/elles donnaient	ils/elles ᶻ avaient donné
Passé simple	**Passé antérieur**
je donnai	j'eus donné
tu donnas	tu eus donné
il/elle/on donna	il/elle/on eut donné
nous donnâmes	nous ᶻ eûmes donné
vous donnâtes	vous ᶻ eûtes donné
ils/elles donnèrent	ils/elles ᶻ eurent donné
Futur simple	**Futur antérieur**
je donnerai	j'aurai donné
tu donneras	tu auras donné
il/elle/on donnera	il/elle/on aura donné
nous donnerons	nous ᶻ aurons donné
vous donnerez	vous ᶻ aurez donné
ils/elles donneront	ils/elles ᶻ auront donné

ÉCOUTER
To Listen

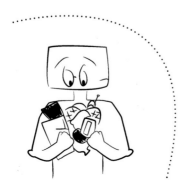

ÉCOUTER
To Listen

Présent
j'écoute
tu écoutes
il/elle/on écoute
nous ᶻ écoutons
vous ᶻ écoutez
ils/elles ᶻ écoutent

Passé composé
j'ai écouté
tu as écouté
il/elle/on a écouté
nous ᶻ avons écouté
vous ᶻ avez écouté
ils/elles ᶻ ont écouté

Imparfait
j'écoutais
tu écoutais
il/elle/on écoutait
nous ᶻ écoutions
vous ᶻ écoutiez
ils/elles ᶻ écoutaient

Plus-que-parfait
j'avais écouté
tu avais écouté
il/elle/on avait écouté
nous ᶻ avions écouté
vous ᶻ aviez écouté
ils/elles ᶻ avaient écouté

Passé simple
j'écoutai
tu écoutas
il/elle/on écouta
nous ᶻ écoutâmes
vous ᶻ écoutâtes
ils/elles ᶻ écoutèrent

Passé antérieur
j'eus écouté
tu eus écouté
il/elle/on eut écouté
nous ᶻ eûmes écouté
vous ᶻ eûtes écouté
ils/elles ᶻ eurent écouté

Futur simple
j'écouterai
tu écouteras
il/elle/on écoutera
nous ᶻ écouterons
vous ᶻ écouterez
ils/elles ᶻ écouteront

Futur antérieur
j'aurai écouté
tu auras écouté
il/elle/on aura écouté
nous ᶻ aurons écouté
vous ᶻ aurez écouté
ils/elles ᶻ auront écouté

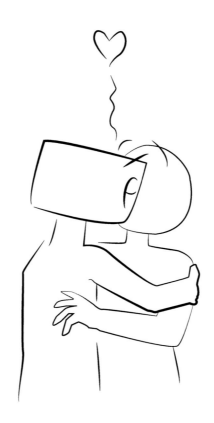

EMBRASSER
To Kiss

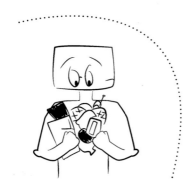

ER

EMBRASSER
To Kiss

Présent
j'embrasse
tu embrasses
il/elle/on embrasse
nous ᶻ embrassons
vous ᶻ embrassez
ils/elles ᶻ embrassent

Imparfait
j'embrassais
tu embrassais
il/elle/on embrassait
nous ᶻ embrasssions
vous ᶻ embrassiez
ils/elles ᶻ embrassaient

Passé simple
j'embrassai
tu embrassas
il/elle/on embrassa
nous ᶻ embrassâmes
vous ᶻ embrassâtes
ils/elles ᶻ embrassèrent

Futur simple
j'embrasserai
tu embrasseras
il/elle/on embrassera
nous ᶻ embrasserons
vous ᶻ embrasserez
ils/elles ᶻ embrasseront

Passé composé
j'ai embrassé
tu as embrassé
il/elle/on a embrassé
nous ᶻ avons embrassé
vous ᶻ avez embrassé
ils/elles ᶻ ont embrassé

Plus-que-parfait
j'avais embrassé
tu avais embrassé
il/elle/on avait embrassé
nous ᶻ avions embrassé
vous ᶻ aviez embrassé
ils/elles ᶻ avaient embrassé

Passé antérieur
j'eus embrassé
tu eus embrassé
il/elle/on eut embrassé
nous ᶻ eûmes embrassé
vous ᶻ eûtes embrassé
ils/elles ᶻ eurent embrassé

Futur antérieur
j'aurai embrassé
tu auras embrassé
il/elle/on aura embrassé
nous ᶻ aurons embrassé
vous ᶻ aurez embrassé
ils/elles ᶻ auront embrassé

ENTRER (RENTRER)
To Enter

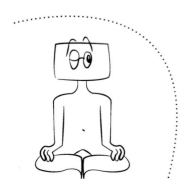

ENTRER (RENTRER)
To Enter

Présent
j'entre
tu entres
il/elle/on entre
nous ᶻ entrons
vous ᶻ entrez
ils/elles ᶻ entrent

Imparfait
j'entrais
tu entrais
il/elle/on entrait
nous ᶻ entrions
vous ᶻ entriez
ils/elles ᶻ entraient

Passé simple
j'entrai
tu entras
il/elle/on entra
nous ᶻ entrâmes
vous ᶻ entrâtes
ils/elles ᶻ entrèrent

Futur simple
j'entrerai
tu entreras
il/elle/on entrera
nous ᶻ entrerons
vous ᶻ entrerez
ils/elles ᶻ entreront

Passé composé
je suis entré (ée)
tu es entré (ée)
il/elle/on est entré (ée)
nous sommes entrés (ées)
vous ᶻ êtes entrés (ées)
ils/elles sont entrés (ées)

Plus-que-parfait
j'étais entré (ée)
tu étais entré (ée)
il/elle/on était entré (ée)
nous ᶻ étions entrés (ées)
vous ᶻ étiez entrés (ées)
ils/elles ᶻ étaient entrés (ées)

Passé antérieur
je fus entré (ée)
tu fus entré (ée)
il/elle/on fut entré (ée)
nous fûmes entrés (ées)
vous fûtes entrés (ées)
ils/elles furent entrés (ées)

Futur antérieur
je serai entré (ée)
tu seras entré (ée)
il/elle/on sera entré (ée)
nous serons entrés (ées)
vous serez entrés (ées)
ils/elles seront entrés (ées)

ENVOYER
To Send

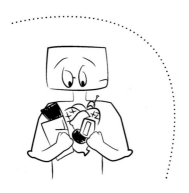

ENVOYER
To Send

Présent
j'envoie
tu envoies
il/elle/on envoie
nous ᶻ envoyons
vous ᶻ envoyez
ils/elles ᶻ envoient

Imparfait
j'envoyais
tu envoyais
il/elle/on envoyait
nous ᶻ envoyions
vous ᶻ envoyiez
ils/elles ᶻ envoyaient

Passé simple
j'envoyai
tu envoyas
il/elle/on envoya
nous ᶻ envoyâmes
vous ᶻ envoyâtes
ils/elles ᶻ envoyèrent

Futur simple
j'enverrai
tu enverras
il/elle/on enverra
nous ᶻ enverrons
vous ᶻ enverrez
ils/elles ᶻ enverront

Passé composé
j'ai envoyé
tu as envoyé
il/elle/on a envoyé
nous ᶻ avons envoyé
vous ᶻ avez envoyé
ils/elles ᶻ ont envoyé

Plus-que-parfait
j'avais envoyé
tu avais envoyé
il/elle/on avait envoyé
nous ᶻ avions envoyé
vous ᶻ aviez envoyé
ils/elles ᶻ avaient envoyé

Passé antérieur
j'eus envoyé
tu eus envoyé
il/elle/on eut envoyé
nous ᶻ eûmes envoyé
vous ᶻ eûtes envoyé
ils/elles ᶻ eurent envoyé

Futur antérieur
j'aurai envoyé
tu auras envoyé
il/elle/on aura envoyé
nous ᶻ aurons envoyé
vous ᶻ aurez envoyé
ils/elles ᶻ auront envoyé

ESPÉRER
To Hope

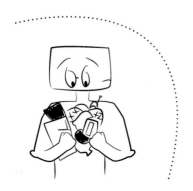

ESPÉRER
To Hope

Présent
j'espère
tu espères
il/elle/on espère
nous ᶻ espérons
vous ᶻ espérez
ils/elles ᶻ espèrent

Imparfait
j'espérais
tu espérais
il/elle/on espérait
nous ᶻ espérions
vous ᶻ espériez
ils/elles ᶻ espéraient

Passé simple
j'espérai
tu espéras
il/elle/on espéra
nous ᶻ espérâmes
vous ᶻ espérâtes
ils/elles ᶻ espérèrent

Futur simple
j'espérerai
tu espéreras
il/elle/on espérera
nous ᶻ espérerons
vous ᶻ espérerez
ils/elles ᶻ espéreront

Passé composé
j'ai espéré
tu as espéré
il/elle/on a espéré
nous ᶻ avons espéré
vous ᶻ avez espéré
ils/elles ᶻ ont espéré

Plus-que-parfait
j'avais espéré
tu avais espéré
il/elle/on avait espéré
nous ᶻ avions espéré
vous ᶻ aviez espéré
ils/elles ᶻ avaient espéré

Passé antérieur
j'eus espéré
tu eus espéré
il/elle/on eut espéré
nous ᶻ eûmes espéré
vous ᶻ eûtes espéré
ils/elles ᶻ eurent espéré

Futur antérieur
j'aurai espéré
tu auras espéré
il/elle/on aura espéré
nous ᶻ aurons espéré
vous ᶻ aurez espéré
ils/elles ᶻ auront espéré

EXISTER
To Exist

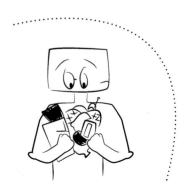

EXISTER
To Exist

Présent
j'existe
tu existes
il/elle/on existe
nous ᶻ existons
vous ᶻ existez
ils/elles ᶻ existent

Imparfait
j'existais
tu existais
il/elle/on existait
nous ᶻ existions
vous ᶻ existiez
ils/elles ᶻ existaient

Passé simple
j'existai
tu existas
il/elle/on exista
nous ᶻ existâmes
vous ᶻ existâtes
ils/elles ᶻ existèrent

Futur simple
j'existerai
tu existeras
il/elle/on existera
nous ᶻ existerons
vous ᶻ existerez
ils/elles ᶻ existeront

Passé composé
j'ai existé
tu as existé
il/elle/on a existé
nous ᶻ avons existé
vous ᶻ avez existé
ils/elles ᶻ ont existé

Plus-que-parfait
j'avais existé
tu avais existé
il/elle/on avait existé
nous ᶻ avions existé
vous ᶻ aviez existé
ils/elles ᶻ avaient existé

Passé antérieur
j'eus existé
tu eus existé
il/elle/on eut existé
nous ᶻ eûmes existé
vous ᶻ eûtes existé
ils/elles ᶻ eurent existé

Futur antérieur
j'aurai existé
tu auras existé
il/elle/on aura existé
nous ᶻ aurons existé
vous ᶻ aurez existé
ils/elles ᶻ auront existé

EXPLIQUER
To Explain

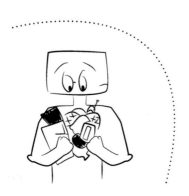

EXPLIQUER
To Explain

Présent
j'explique
tu expliques
il/elle/on explique
nous ᶻ expliquons
vous ᶻ expliquez
ils/elles ᶻ expliquent

Imparfait
j'expliquais
tu expliquais
il/elle/on expliquait
nous ᶻ expliquions
vous ᶻ expliquiez
ils/elles ᶻ expliquaient

Passé simple
j'expliquai
tu expliquas
il/elle/on expliqua
nous ᶻ expliquâmes
vous ᶻ expliquâtes
ils/elles ᶻ expliquèrent

Futur simple
j'expliquerai
tu expliqueras
il/elle/on expliquera
nous ᶻ expliquerons
vous ᶻ expliquerez
ils/elles ᶻ expliqueront

Passé composé
j'ai expliqué
tu as expliqué
il/elle/on a expliqué
nous ᶻ avons expliqué
vous ᶻ avez expliqué
ils/elles ᶻ ont expliqué

Plus-que-parfait
j'avais expliqué
tu avais expliqué
il/elle/on avait expliqué
nous ᶻ avions expliqué
vous ᶻ aviez expliqué
ils/elles ᶻ avaient expliqué

Passé antérieur
j'eus expliqué
tu eus expliqué
il/elle/on eut expliqué
nous ᶻ eûmes expliqué
vous ᶻ eûtes expliqué
ils/elles ᶻ eurent expliqué

Futur antérieur
j'aurai expliqué
tu auras expliqué
il/elle/on aura expliqué
nous ᶻ aurons expliqué
vous ᶻ aurez expliqué
ils/elles ᶻ auront expliqué

GARDER
To Guard/Keep

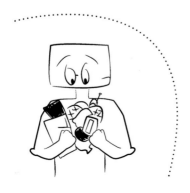

GARDER
To Guard/Keep

Présent
je garde
tu gardes
il/elle/on garde
nous gardons
vous gardez
ils/elles gardent

Passé composé
j'ai gardé
tu as gardé
il/elle/on a gardé
nous ᶻ avons gardé
vous ᶻ avez gardé
ils/elles ᶻ ont gardé

Imparfait
je gardais
tu gardais
il/elle/on gardait
nous gardions
vous gardiez
ils/elles gardaient

Plus-que-parfait
j'avais gardé
tu avais gardé
il/elle/on avait gardé
nous ᶻ avions gardé
vous ᶻ aviez gardé
ils/elles ᶻ avaient gardé

Passé simple
je gardai
tu gardas
il/elle/on garda
nous gardâmes
vous gardâtes
ils/elles gardèrent

Passé antérieur
j'eus gardé
tu eus gardé
il/elle/on eut gardé
nous ᶻ eûmes gardé
vous ᶻ eûtes gardé
ils/elles ᶻ eurent gardé

Futur simple
je garderai
tu garderas
il/elle/on gardera
nous garderons
vous garderez
ils/elles garderont

Futur antérieur
j'aurai gardé
tu auras gardé
il/elle/on aura gardé
nous ᶻ aurons gardé
vous ᶻ aurez gardé
ils/elles ᶻ auront gardé

JETER
To Throw Out

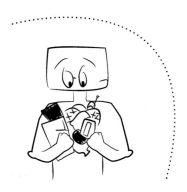

JETER
To Throw Out

Présent
je jette
tu jettes
il/elle/on jette
nous jetons
vous jetez
ils/elles jettent

Imparfait
je jetais
tu jetais
il/elle/on jetait
nous jetions
vous jetiez
ils/elles jetaient

Passé simple
je jetai
tu jetas
il/elle/on jeta
nous jetâmes
vous jetâtes
ils/elles jetèrent

Futur simple
je jetterai
tu jetteras
il/elle/on jettera
nous jetterons
vous jetterez
ils/elles jetteront

Passé composé
j'ai jeté
tu as jeté
il/elle/on a jeté
nous ᶻ avons jeté
vous ᶻ avez jeté
ils/elles ᶻ ont jeté

Plus-que-parfait
j'avais jeté
tu avais jeté
il/elle/on avait jeté
nous ᶻ avions jeté
vous ᶻ aviez jeté
ils/elles ᶻ avaient jeté

Passé antérieur
j'eus jeté
tu eus jeté
il/elle/on eut jeté
nous ᶻ eûmes jeté
vous ᶻ eûtes jeté
ils/elles ᶻ eurent jeté

Futur antérieur
j'aurai jeté
tu auras jeté
il/elle/on aura jeté
nous ᶻ aurons jeté
vous ᶻ aurez jeté
ils/elles ᶻ auront jeté

JOUER
To Play

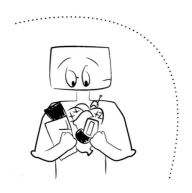

ER

JOUER
To Play

Présent
je joue
tu joues
il/elle/on joue
nous jouons
vous jouez
ils/elles jouent

Passé composé
j'ai joué
tu as joué
il/elle/on a joué
nous ᶻ avons joué
vous ᶻ avez joué
ils/elles ᶻ ont joué

Imparfait
je jouais
tu jouais
il/elle/on jouait
nous jouions
vous jouiez
ils/elles jouaient

Plus-que-parfait
j'avais joué
tu avais joué
il/elle/on avait joué
nous ᶻ avions joué
vous ᶻ aviez joué
ils/elles ᶻ avaient joué

Passé simple
je jouai
tu jouas
il/elle/on joua
nous jouâmes
vous jouâtes
ils/elles jouèrent

Passé antérieur
j'eus joué
tu eus joué
il/elle/on eut joué
nous ᶻ eûmes joué
vous ᶻ eûtes joué
ils/elles ᶻ eurent joué

Futur simple
je jouerai
tu joueras
il/elle/on jouera
nous jouerons
vous jouerez
ils/elles joueront

Futur antérieur
j'aurai joué
tu auras joué
il/elle/on aura joué
nous ᶻ aurons joué
vous ᶻ aurez joué
ils/elles ᶻ auront joué

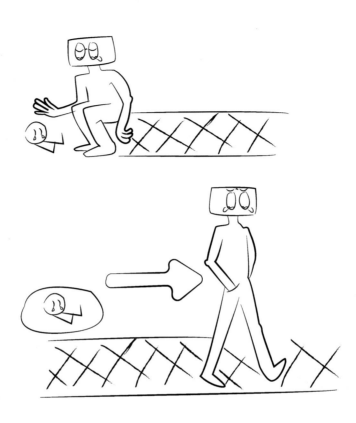

LAISSER
To Let/Leave

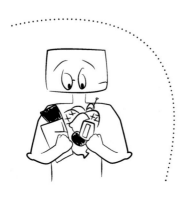

LAISSER
To Let/Leave

Présent
je laisse
tu laisses
il/elle/on laisse
nous laissons
vous laissez
ils/elles laissent

Imparfait
je laissais
tu laissais
il/elle/on laissait
nous laissions
vous laissiez
ils/elles laissaient

Passé simple
je laissai
tu laissas
il/elle/on laissa
nous laissâmes
vous laissâtes
ils/elles laissèrent

Futur simple
je laisserai
tu laisseras
il/elle/on laissera
nous laisserons
vous laisserez
ils/elles laisseront

Passé composé
j'ai laissé
tu as laissé
il/elle/on a laissé
nous ᶻ avons laissé
vous ᶻ avez laissé
ils/elles ᶻ ont laissé

Plus-que-parfait
j'avais laissé
tu avais laissé
il/elle/on avait laissé
nous ᶻ avions laissé
vous ᶻ aviez laissé
ils/elles ᶻ avaient laissé

Passé antérieur
j'eus laissé
tu eus laissé
il/elle/on eut laissé
nous ᶻ eûmes laissé
vous ᶻ eûtes laissé
ils/elles ᶻ eurent laissé

Futur antérieur
j'aurai laissé
tu auras laissé
il/elle/on aura laissé
nous ᶻ aurons laissé
vous ᶻ aurez laissé
ils/elles ᶻ auront laissé

LEVER
To Lift

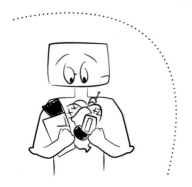

LEVER
To Lift

Présent
je lève
tu lèves
il/elle/on lève
nous levons
vous levez
ils/elles lèvent

Imparfait
je levais
tu levais
il/elle/on levait
nous levions
vous leviez
ils/elles levaient

Passé simple
je levai
tu levas
il/elle/on leva
nous levâmes
vous levâtes
ils/elles levèrent

Futur simple
je lèverai
tu lèveras
il/elle/on lèvera
nous lèverons
vous lèverez
ils/elles lèveront

Passé composé
j'avais levé
tu avais levé
il/elle/on avait levé
nous ᶻ avions levé
vous ᶻ aviez levé
ils/elles ᶻ avaient levé

Plus-que-parfait
j'avais levé
tu avais levé
il/elle/on avait levé
nous ᶻ avions levé
vous ᶻ aviez levé
ils/elles ᶻ avaient levé

Passé antérieur
j'eus levé
tu eus levé
il/elle/on eut levé
nous ᶻ eûmes levé
vous ᶻ eûtes levé
ils/elles ᶻ eurent levé

Futur antérieur
j'aurai levé
tu auras levé
il/elle/on aura levé
nous ᶻ aurons levé
vous ᶻ aurez levé
ils/elles ᶻ auront levé

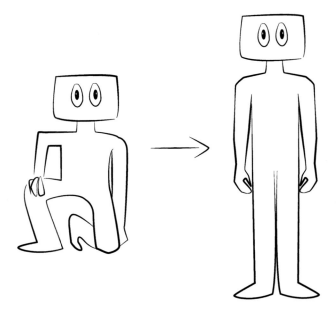

(SE) LEVER
To Get Up

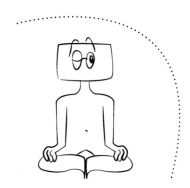

(SE) LEVER
To Get Up

Présent
je me lève
tu te lèves
il/elle/on se lève
nous nous levons
vous vous levez
ils/elles se lèvent

Imparfait
je me levais
tu te levais
il/elle/on se levait
nous nous levions
vous vous leviez
ils/elles se levaient

Passé simple
je me levai
tu te levas
il/elle/on se leva
nous nous levâmes
vous vous levâtes
ils/elles se levèrent

Futur simple
je me lèverai
tu te lèveras
il/elle/on se lèvera
nous nous lèverons
vous vous lèverez
ils/elles se lèveront

Passé composé
je me suis levé (ée)
tu t'es levé (ée)
il/elle/on s'est levé (ée)
nous nous sommes levés (ées)
vous vous ᶻ êtes levés (ées)
ils/elles se sont levés (ées)

Plus-que-parfait
je m'étais levé (ée)
tu t'étais levé (ée)
il/elle/on s'était levé (ée)
nous nous ᶻ étions levés (ées)
vous vous ᶻ étiez levés (ées)
ils/elles s'étaient levés (ées)

Passé antérieur
je me fus levé (ée)
tu te fus levé (ée)
il/elle/on se fut levé (ée)
nous nous fûmes levés (ées)
vous vous fûtes levés (ées)
ils/elles se furent levés (ées)

Futur antérieur
je me serai levé (ée)
tu te seras levé (ée)
il/elle/on se sera levé (ée)
nous nous serons levés (ées)
vous vous serez levés (ées)
ils/elles se seront levés (ées)

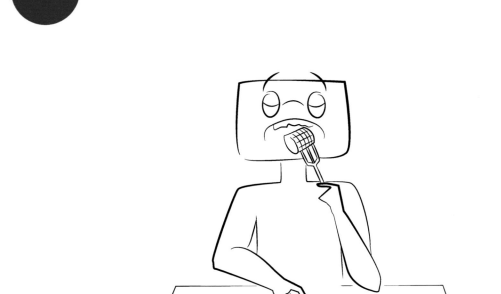

MANGER
To Eat

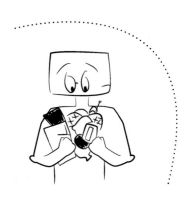

MANGER
To Eat

Présent
je mange
tu manges
il/elle/on mange
nous mangeons
vous mangez
ils/elles mangent

Imparfait
je mangeais
tu mangeais
il/elle/on mangeait
nous mangions
vous mangiez
ils/elles mangeaient

Passé simple
je mangeai
tu mangeas
il/elle/on mangea
nous mangeâmes
vous mangeâtes
ils/elles mangèrent

Futur simple
je mangerai
tu mangeras
il/elle/on mangera
nous mangerons
vous mangerez
ils/elles mangeront

Passé composé
j'ai mangé
tu as mangé
il/elle/on a mangé
nous ᶻ avons mangé
vous ᶻ avez mangé
ils/elles ᶻ ont mangé

Plus-que-parfait
j'avais mangé
tu avais mangé
il/elle/on avait mangé
nous ᶻ avions mangé
vous ᶻ aviez mangé
ils/elles ᶻ avaient mangé

Passé antérieur
j'eus mangé
tu eus mangé
il/elle/on eut mangé
nous ᶻ eûmes mangé
vous ᶻ eûtes mangé
ils/elles ᶻ eurent mangé

Futur antérieur
j'aurai mangé
tu auras mangé
il/elle/on aura mangé
nous ᶻ aurons mangé
vous ᶻ aurez mangé
ils/elles ᶻ auront mangé

MANQUER
To Miss

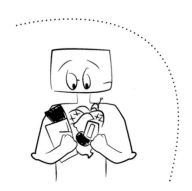

MANQUER
To Miss

Présent
je manque
tu manques
il/elle/on manque
nous manquons
vous manquez
ils/elles manquent

Imparfait
je manquais
tu manquais
il/elle/on manquait
nous manquions
vous manquiez
ils/elles manquaient

Passé simple
je manquai
tu manquas
il/elle/on manqua
nous manquâmes
vous manquâtes
ils/elles manquèrent

Futur simple
je manquerai
tu manqueras
il/elle/on manquera
nous manquerons
vous manquerez
ils/elles manqueront

Passé composé
j'ai manqué
tu as manqué
il/elle/on a manqué
nous ᶻ avons manqué
vous ᶻ avez manqué
ils/elles ᶻ ont manqué

Plus-que-parfait
j'avais manqué
tu avais manqué
il/elle/on avait manqué
nous ᶻ avions manqué
vous ᶻ aviez manqué
ils/elles ᶻ avaient manqué

Passé antérieur
j'eus manqué
tu eus manqué
il/elle/on eut manqué
nous ᶻ eûmes manqué
vous ᶻ eûtes manqué
ils/elles ᶻ eurent manqué

Futur antérieur
j'aurai manqué
tu auras manqué
il/elle/on aura manqué
nous ᶻ aurons manqué
vous ᶻ aurez manqué
ils/elles ᶻ auront manqué

MARCHER
To Walk

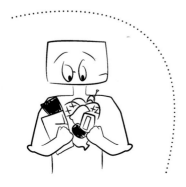

ER

MARCHER
To Walk

Présent	**Passé composé**
je marche	j'ai marché
tu marches	tu as marché
il/elle/on marche	il/elle/on a marché
nous marchons	nous ᶻ avons marché
vous marchez	vous ᶻ avez marché
ils/elles marchent	ils/elles ᶻ ont marché

Imparfait	**Plus-que-parfait**
je marchais	j'avais marché
tu marchais	tu avais marché
il/elle/on marchait	il/elle/on avait marché
nous marchions	nous ᶻ avions marché
vous marchiez	vous ᶻ aviez marché
ils/elles marchaient	ils/elles ᶻ avaient marché

Passé simple	**Passé antérieur**
je marchai	j'eus marché
tu marchas	tu eus marché
il/elle/on marcha	il/elle/on eut marché
nous marchâmes	nous ᶻ eûmes marché
vous marchâtes	vous ᶻ eûtes marché
ils/elles marchèrent	ils/elles ᶻ eurent marché

Futur simple	**Futur antérieur**
je marcherai	j'aurai marché
tu marcheras	tu auras marché
il/elle/on marchera	il/elle/on aura marché
nous marcherons	nous ᶻ aurons marché
vous marcherez	vous ᶻ aurez marché
ils/elles marcheront	ils/elles ᶻ auront marché

MONTER
To Go Up

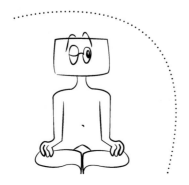

MONTER
To Go Up

Présent
je monte
tu montes
il/elle/on monte
nous montons
vous montez
ils/elles montent

Imparfait
je montais
tu montais
il/elle/on montait
nous montions
vous montiez
ils/elles montaient

Passé simple
je montai
tu montas
il/elle/on monta
nous montâmes
vous montâtes
ils/elles montèrent

Futur simple
je monterai
tu monteras
il/elle/on montera
nous monterons
vous monterez
ils/elles monteront

Passé composé
je suis monté (ée)
tu es monté (ée)
il/elle/on est monté (ée)
nous sommes montés (ées)
vous ᶻ êtes montés (ées)
ils/elles sont montés (ées)

Plus-que-parfait
j'étais monté (ée)
tu étais monté (ée)
il/elle/on était monté (ée)
nous ᶻ étions montés (ées)
vous ᶻ étiez montés (ées)
ils/elles ᶻ étaient montés (ées)

Passé antérieur
je fus monté (ée)
tu fus monté (ée)
il/elle/on fut monté (ée)
nous fûmes montés (ées)
vous fûtes montés (ées)
ils/elles furent montés (ées)

Futur antérieur
je serai monté (ée)
tu seras monté (ée)
il/elle/on sera monté (ée)
nous serons montés (ées)
vous serez montés (ées)
ils/elles seront montés (ées)

OBSERVER
To Observe

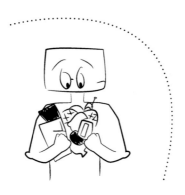

OBSERVER
To Observe

Présent
j'observe
tu observes
il/elle/on observe
nous observons
vous observez
ils/elles observent

Imparfait
j'observais
tu observais
il/elle/on observait
nous ᶻ observions
vous ᶻ observiez
ils/elles ᶻ observaient

Passé simple
j'observai
tu observas
il/elle/on observa
nous ᶻ observâmes
vous ᶻ observâtes
ils/elles ᶻ observèrent

Futur simple
j'observerai
tu observeras
il/elle/on observera
nous ᶻ observerons
vous ᶻ observerez
ils/elles ᶻ observeront

Passé composé
j'ai observé
tu as observé
il/elle/on a observé
nous ᶻ avons observé
vous ᶻ avez observé
ils/elles ᶻ ont observé

Plus-que-parfait
j'avais observé
tu avais observé
il/elle/on avait observé
nous ᶻ avions observé
vous ᶻ aviez observé
ils/elles ᶻ avaient observé

Passé antérieur
j'eus observé
tu eus observé
il/elle/on eut observé
nous ᶻ eûmes observé
vous ᶻ eûtes observé
ils/elles ᶻ eurent observé

Futur antérieur
j'aurai observé
tu auras observé
il/elle/on aura observé
nous ᶻ aurons observé
vous ᶻ aurez observé
ils/elles ᶻ auront observé

OUBLIER
To Forget

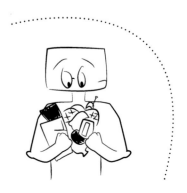

OUBLIER
To Forget

Présent

j'oublie
tu oublies
il/elle/on oublie
nous ᶻ oublions
vous ᶻ oubliez
ils/elles ᶻ oublient

Imparfait

j'oubliais
tu oubliais
il/elle/on oubliait
nous ᶻ oubliions
vous ᶻ oubliiez
ils/elles ᶻ oubliaient

Passé simple

j'oubliai
tu oublias
il/elle/on oublia
nous ᶻ oubliâmes
vous ᶻ oubliâtes
ils/elles ᶻ oublièrent

Futur simple

j'oublierai
tu oublieras
il/elle/on oubliera
nous ᶻ oublierons
vous ᶻ oublierez
ils/elles ᶻ oublieront

Passé composé

j'ai oublié
tu as oublié
il/elle/on a oublié
nous ᶻ avons oublié
vous ᶻ avez oublié
ils/elles ᶻ ont oublié

Plus-que-parfait

j'avais oublié
tu avais oublié
il/elle/on avait oublié
nous ᶻ avions oublié
vous ᶻ aviez oublié
ils/elles ᶻ avaient oublié

Passé antérieur

j'eus oublié
tu eus oublié
il/elle/on eut oublié
nous ᶻ eûmes oublié
vous ᶻ eûtes oublié
ils/elles ᶻ eurent oublié

Futur antérieur

j'aurai oublié
tu auras oublié
il/elle/on aura oublié
nous ᶻ aurons oublié
vous ᶻ aurez oublié
ils/elles ᶻ auront oublié

PARLER
To Speak

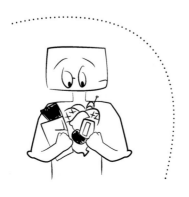

ER

PARLER
To Speak

Présent
je parle
tu parles
il/elle/on parle
nous parlons
vous parlez
ils/elles parlent

Passé composé
j'ai parlé
tu as parlé
il/elle/on a parlé
nous ᶻ avons parlé
vous ᶻ avez parlé
ils/elles ᶻ ont parlé

Imparfait
je parlais
tu parlais
il/elle/on parlait
nous parlions
vous parliez
ils/elles parlaient

Plus-que-parfait
j'avais parlé
tu avais parlé
il/elle/on avait parlé
nous ᶻ avions parlé
vous ᶻ aviez parlé
ils/elles ᶻ avaient parlé

Passé simple
je parlai
tu parlas
il/elle/on parla
nous parlâmes
vous parlâtes
ils/elles parlèrent

Passé antérieur
j'eus parlé
tu eus parlé
il/elle/on eut parlé
nous ᶻ eûmes parlé
vous ᶻ eûtes parlé
ils/elles ᶻ eurent parlé

Futur simple
je parlerai
tu parleras
il/elle/on parlera
nous parlerons
vous parlerez
ils/elles parleront

Futur antérieur
j'aurai parlé
tu auras parlé
il/elle/on aura parlé
nous ᶻ aurons parlé
vous ᶻ aurez parlé
ils/elles ᶻ auront parlé

PASSER
To Pass

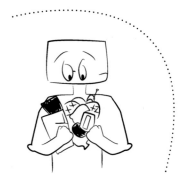

PASSER
To Pass

Présent
je passe
tu passes
il/elle/on passe
nous passons
vous passez
ils/elles passent

Imparfait
je passais
tu passais
il/elle/on passait
nous passions
vous passiez
ils/elles passaient

Passé simple
je passai
tu passas
il/elle/on passa
nous passâmes
vous passâtes
ils/elles passèrent

Futur simple
je passerai
tu passeras
il/elle/on passera
nous passerons
vous passerez
ils/elles passeront

Passé composé
j'ai passé
tu as passé
il/elle/on a passé
nous ᶻ avons passé
vous ᶻ avez passé
ils/elles ᶻ ont passé

Plus-que-parfait
j'avais passé
tu avais passé
il/elle/on avait passé
nous ᶻ avions passé
vous ᶻ aviez passé
ils/elles ᶻ avaient passé

Passé antérieur
j'eus passé
tu eus passé
il/elle/on eut passé
nous ᶻ eûmes passé
vous ᶻ eûtes passé
ils/elles ᶻ eurent passé

Futur antérieur
j'aurai passé
tu auras passé
il/elle/on aura passé
nous ᶻ aurons passé
vous ᶻ aurez passé
ils/elles ᶻ auront passé

PAYER
To Pay

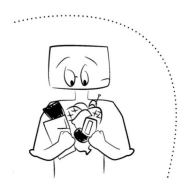

PAYER
To Pay

Présent
je p**a**ye / p**a**ie
tu p**a**yes / p**a**ies
il/elle/on p**a**ye / p**a**ie
nous p**a**y**ons**
vous p**a**y**ez**
il**s**/elle**s** p**a**y**ent** / p**a**i**ent**

Imparfait
je p**a**y**ais**
tu p**a**y**ais**
il/elle/on p**a**y**ait**
nous p**a**y**ions**
vous p**a**y**iez**
il**s**/elle**s** p**a**y**aient**

Passé simple
je p**a**y**ai**
tu p**a**y**as**
il/elle/on p**a**y**a**
nous p**a**y**âm**es
vous p**a**y**ât**es
il**s**/elle**s** p**a**y**èr**ent

Futur simple
je p**a**y**erai** / p**a**ie**rai**
tu p**a**y**eras** / p**a**ie**ras**
il/elle/on p**a**y**era** / p**a**ie**ra**
nous p**a**y**erons** / p**a**ie**rons**
vous p**a**y**erez** / p**a**ie**rez**
il**s**/elle**s** p**a**y**eront** / p**a**ie**ront**

Passé composé
j'ai pay**é**
tu as pay**é**
il/elle/on a pay**é**
nous ᶻ avons pay**é**
vous ᶻ avez pay**é**
il**s**/elle**s** ᶻ ont pay**é**

Plus-que-parfait
j'avais pay**é**
tu avais pay**é**
il/elle/on avait pay**é**
nous ᶻ avions pay**é**
vous ᶻ aviez pay**é**
il**s**/elle**s** ᶻ avaient pay**é**

Passé antérieur
j'eus pay**é**
tu eus pay**é**
il/elle/on eut pay**é**
nous ᶻ eûmes pay**é**
vous ᶻ eûtes pay**é**
il**s**/elle**s** ᶻ eurent pay**é**

Futur antérieur
j'aurai pay**é**
tu auras pay**é**
il/elle/on aura pay**é**
nous ᶻ aurons pay**é**
vous ᶻ aurez pay**é**
il**s**/elle**s** ᶻ auront pay**é**

PENSER
To Think

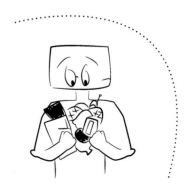

ER

PENSER
To Think

Présent
je pense
tu penses
il/elle/on pense
nous pensons
vous pensez
ils/elles pensent

Passé composé
j'ai pensé
tu as pensé
il/elle/on a pensé
nous ᶻ avons pensé
vous ᶻ avez pensé
ils/elles ᶻ ont pensé

Imparfait
je pensais
tu pensais
il/elle/on pensait
nous pensions
vous pensiez
ils/elles pensaient

Plus-que-parfait
j'avais pensé
tu avais pensé
il/elle/on avait pensé
nous ᶻ avions pensé
vous ᶻ aviez pensé
ils/elles ᶻ avaient pensé

Passé simple
je pensai
tu pensas
il/elle/on pensa
nous pensâmes
vous pensâtes
ils/elles pensèrent

Passé antérieur
j'eus pensé
tu eus pensé
il/elle/on eut pensé
nous ᶻ eûmes pensé
vous ᶻ eûtes pensé
ils/elles ᶻ eurent pensé

Futur simple
je penserai
tu penseras
il/elle/on pensera
nous penserons
vous penserez
ils/elles penseront

Futur antérieur
j'aurai pensé
tu auras pensé
il/elle/on aura pensé
nous ᶻ aurons pensé
vous ᶻ aurez pensé
ils/elles ᶻ auront pensé

PLEURER
To Cry

PLEURER
To Cry

Présent
je pleure [œ]
tu pleures [œ]
il/elle/on pleure [œ]
nous pleurons
vous pleurez
ils/elles pleurent [œ]

Imparfait
je pleurais
tu pleurais
il/elle/on pleurait
nous pleurions
vous pleuriez
ils/elles pleuraient

Passé simple
je pleurai
tu pleuras
il/elle/on pleura
nous pleurâmes
vous pleurâtes
ils/elles pleurèrent

Futur simple
je pleurerai
tu pleureras
il/elle/on pleurera
nous pleurerons
vous pleurerez
ils/elles pleureront

Passé composé
j'ai pleuré
tu as pleuré
il/elle/on a pleuré
nous ᶻ avons pleuré
vous ᶻ avez pleuré
ils/elles ᶻ ont pleuré

Plus-que-parfait
j'avais pleuré
tu avais pleuré
il/elle/on avait pleuré
nous ᶻ avions pleuré
vous ᶻ aviez pleuré
ils/elles ᶻ avaient pleuré

Passé antérieur
j'eus pleuré
tu eus pleuré
il/elle/on eut pleuré
nous ᶻ eûmes pleuré
vous ᶻ eûtes pleuré
ils/elles ᶻ eurent pleuré

Futur antérieur
j'aurai pleuré
tu auras pleuré
il/elle/on aura pleuré
nous ᶻ aurons pleuré
vous ᶻ aurez pleuré
ils/elles ᶻ auront pleuré

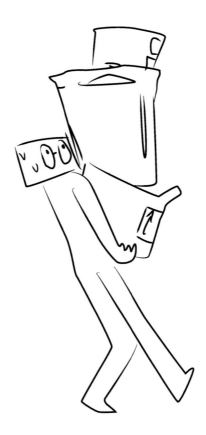

PORTER
To Carry

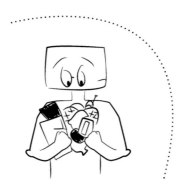

PORTER
To Carry

Présent
je porte
tu portes
il/elle/on porte
nous portons
vous portez
ils/elles portent

Imparfait
je portais
tu portais
il/elle/on portait
nous portions
vous portiez
ils/elles portaient

Passé simple
je portai
tu portas
il/elle/on porta
nous portâmes
vous portâtes
ils/elles portèrent

Futur simple
je porterai
tu porteras
il/elle/on portera
nous porterons
vous porterez
ils/elles porteront

Passé composé
j'ai porté
tu as porté
il/elle/on a porté
nous ᶻ avons porté
vous ᶻ avez porté
ils/elles ᶻ ont porté

Plus-que-parfait
j'avais porté
tu avais porté
il/elle/on avait porté
nous ᶻ avions porté
vous ᶻ aviez porté
ils/elles ᶻ avaient porté

Passé antérieur
j'eus porté
tu eus porté
il/elle/on eut porté
nous ᶻ eûmes porté
vous ᶻ eûtes porté
ils/elles ᶻ eurent porté

Futur antérieur
j'aurai porté
tu auras porté
il/elle/on aura porté
nous ᶻ aurons porté
vous ᶻ aurez porté
ils/elles ᶻ auront porté

PRÉSENTER
To Present

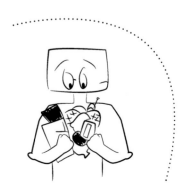

PRÉSENTER
To Present

Présent
je présente
tu présentes
il/elle/on présente
nous présentons
vous présentez
ils/elles présentent

Imparfait
je présentais
tu présentais
il/elle/on présentait
nous présentions
vous présentiez
ils/elles présentaient

Passé simple
je présentai
tu présentas
il/elle/on présenta
nous présentâmes
vous présentâtes
ils/elles présentèrent

Futur simple
je présenterai
tu présenteras
il/elle/on présentera
nous présenterons
vous présenterez
ils/elles présenteront

Passé composé
j'ai présenté
tu as présenté
il/elle/on a présenté
nous ᶻ avons présenté
vous ᶻ avez présenté
ils/elles ᶻ ont présenté

Plus-que-parfait
j'avais présenté
tu avais présenté
il/elle/on avait présenté
nous ᶻ avions présenté
vous ᶻ aviez présenté
ils/elles ᶻ avaient présenté

Passé antérieur
j'eus présenté
tu eus présenté
il/elle/on eut présenté
nous ᶻ eûmes présenté
vous ᶻ eûtes présenté
ils/elles ᶻ eurent présenté

Futur antérieur
j'aurai présenté
tu auras présenté
il/elle/on aura présenté
nous ᶻ aurons présenté
vous ᶻ aurez présenté
ils/elles ᶻ auront présenté

QUITTER
To Leave

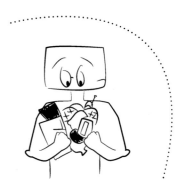

QUITTER
To Leave

Présent
je quitte
tu quittes
il/elle/on quitte
nous quittons
vous quittez
ils/elles quittent

Imparfait
je quittais
tu quittais
il/elle/on quittait
nous quittions
vous quittiez
ils/elles quittaient

Passé simple
je quittai
tu quittas
il/elle/on quitta
nous quittâmes
vous quittâtes
ils/elles quittèrent

Futur simple
je quitterai
tu quitteras
il/elle/on quittera
nous quitterons
vous quitterez
ils/elles quitteront

Passé composé
j'ai quitté
tu as quitté
il/elle/on a quitté
nous ᶻ avons quitté
vous ᶻ avez quitté
ils/elles ᶻ ont quitté

Plus-que-parfait
j'avais quitté
tu avais quitté
il/elle/on avait quitté
nous ᶻ avions quitté
vous ᶻ aviez quitté
ils/elles ᶻ avaient quitté

Passé antérieur
j'eus quitté
tu eus quitté
il/elle/on eut quitté
nous ᶻ eûmes quitté
vous ᶻ eûtes quitté
ils/elles ᶻ eurent quitté

Futur antérieur
j'aurai quitté
tu auras quitté
il/elle/on aura quitté
nous ᶻ aurons quitté
vous ᶻ aurez quitté
ils/elles ᶻ auront quitté

RAPPELER
To Call Back

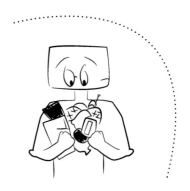

RAPPELER
To Call Back

Présent
je rappelle
tu rappelles
il/elle/on rappelle
nous rappelons
vous rappelez
ils/elles rappellent

Imparfait
je rappelais
tu rappelais
il/elle/on rappelait
nous rappelions
vous rappeliez
ils/elles rappelaient

Passé simple
je rappelai
tu rappelas
il/elle/on rappela
nous rappelâmes
vous rappelâtes
ils/elles rappelèrent

Futur simple
je rappellerai
tu rappelleras
il/elle/on rappellera
nous rappellerons
vous rappellerez
ils/elles rappelleront

Passé composé
j'ai rappelé
tu as rappelé
il/elle/on a rappelé
nous ᶻ avons rappelé
vous ᶻ avez rappelé
ils/elles ᶻ ont rappelé

Plus-que-parfait
j'avais rappelé
tu avais rappelé
il/elle/on avait rappelé
nous ᶻ avions rappelé
vous ᶻ aviez rappelé
ils/elles ᶻ avaient rappelé

Passé antérieur
j'eus rappelé
tu eus rappelé
il/elle/on eut rappelé
nous ᶻ eûmes rappelé
vous ᶻ eûtes rappelé
ils/elles ᶻ eurent rappelé

Futur antérieur
j'aurai rappelé
tu auras rappelé
il/elle/on aura rappelé
nous ᶻ aurons rappelé
vous ᶻ aurez rappelé
ils/elles ᶻ auront rappelé

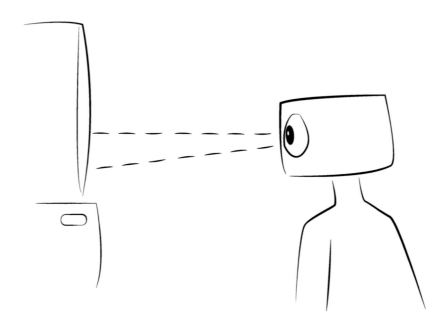

REGARDER
To Look At/Watch

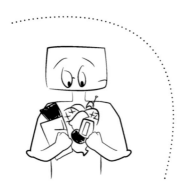

ER

REGARDER
To Look At/Watch

Présent
je regarde
tu regardes
il/elle/on regarde
nous regardons
vous regardez
ils/elles regardent

Imparfait
je regardais
tu regardais
il/elle/on regardait
nous regardions
vous regardiez
ils/elles regardaient

Passé simple
je regardai
tu regardas
il/elle/on regarda
nous regardâmes
vous regardâtes
ils/elles regardèrent

Futur simple
je regarderai
tu regarderas
il/elle/on regardera
nous regarderons
vous regarderez
ils/elles regarderont

Passé composé
j'ai regardé
tu as regardé
il/elle/on a regardé
nous ᶻ avons regardé
vous ᶻ avez regardé
ils/elles ᶻ ont regardé

Plus-que-parfait
j'avais regardé
tu avais regardé
il/elle/on avait regardé
nous ᶻ avions regardé
vous ᶻ aviez regardé
ils/elles ᶻ avaient regardé

Passé antérieur
j'eus regardé
tu eus regardé
il/elle/on eut regardé
nous ᶻ eûmes regardé
vous ᶻ eûtes regardé
ils/elles ᶻ eurent regardé

Futur antérieur
j'aurai regardé
tu auras regardé
il/elle/on aura regardé
nous ᶻ aurons regardé
vous ᶻ aurez regardé
ils/elles ᶻ auront regardé

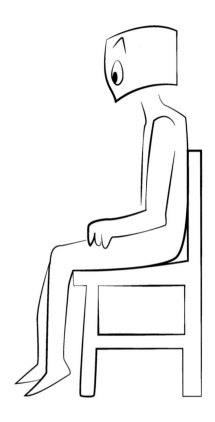

RESTER

To Stay

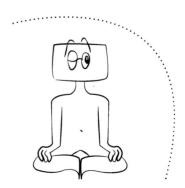

RESTER
To Stay

Présent	**Passé composé**
je reste	je suis resté (ée)
tu restes	tu es resté (ée)
il/elle/on reste	il/elle/on est resté (ée)
nous restons	nous sommes restés (ées)
vous restez	vous ᶻ êtes restés (ées)
ils/elles restent	ils/elles sont restés (ées)
Imparfait	**Plus-que-parfait**
je restais	j'étais resté (ée)
tu restais	tu étais resté (ée)
il/elle/on restait	il/elle/on était resté (ée)
nous restions	nous ᶻ étions restés (ées)
vous restiez	vous ᶻ étiez restés (ées)
ils/elles restaient	ils/elles ᶻ étaient restés (ées)
Passé simple	**Passé antérieur**
je restai	je fus resté (ée)
tu restas	tu fus resté (ée)
il/elle/on resta	il/elle/on fut resté (ée)
nous restâmes	nous fûmes restés (ées)
vous restâtes	vous fûtes restés (ées)
ils/elles restèrent	ils/elles furent restés (ées)
Futur simple	**Futur antérieur**
je resterai	je serai resté (ée)
tu resteras	tu seras resté (ée)
il/elle/on restera	il/elle/on sera resté (ée)
nous resterons	nous serons restés (ées)
vous resterez	vous serez restés (ées)
ils/elles resteront	ils/elles seront restés (ées)

RETROUVER
To Find

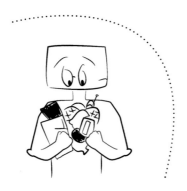

ER

RETROUVER
To Find

Présent
je retrouve
tu retrouves
il/elle/on retrouve
nous retrouvons
vous retrouvez
ils/elles retrouvent

Imparfait
je retrouvais
tu retrouvais
il/elle/on retrouvait
nous retrouvions
vous retrouviez
ils/elles retrouvaient

Passé simple
je retrouvai
tu retrouvas
il/elle/on retrouva
nous retrouvâmes
vous retrouvâtes
ils/elles retrouvèrent

Futur simple
je retrouverai
tu retrouveras
il/elle/on retrouvera
nous retrouverons
vous retrouverez
ils/elles retrouveront

Passé composé
j'ai retrouvé
tu as retrouvé
il/elle/on a retrouvé
nous ᶻ avons retrouvé
vous ᶻ avez retrouvé
ils/elles ᶻ ont retrouvé

Plus-que-parfait
j'avais retrouvé
tu avais retrouvé
il/elle/on avait retrouvé
nous ᶻ avions retrouvé
vous ᶻ aviez retrouvé
ils/elles ᶻ avaient retrouvé

Passé antérieur
j'eus retrouvé
tu eus retrouvé
il/elle/on eut retrouvé
nous ᶻ eûmes retrouvé
vous ᶻ eûtes retrouvé
ils/elles ᶻ eurent retrouvé

Futur antérieur
j'aurai retrouvé
tu auras retrouvé
il/elle/on aura retrouvé
nous ᶻ aurons retrouvé
vous ᶻ aurez retrouvé
ils/elles ᶻ auront retrouvé

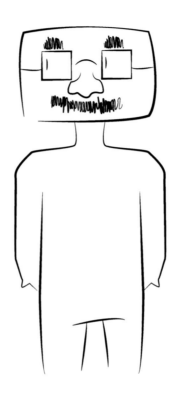

SEMBLER
To Appear/Seem

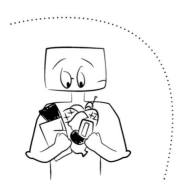

SEMBLER
To Appear/Seem

Présent
je semble
tu sembles
il/elle/on semble
nous semblons
vous semblez
ils/elles semblent

Imparfait
je semblais
tu semblais
il/elle/on semblait
nous semblions
vous sembliez
ils/elles semblaient

Passé simple
je semblai
tu semblas
il/elle/on sembla
nous semblâmes
vous semblâtes
ils/elles semblèrent

Futur simple
je semblerai
tu sembleras
il/elle/on semblera
nous semblerons
vous semblerez
ils/elles sembleront

Passé composé
j'ai semblé
tu as semblé
il/elle/on a semblé
nous ᶻ avons semblé
vous ᶻ avez semblé
ils/elles ᶻ ont semblé

Plus-que-parfait
j'avais semblé
tu avais semblé
il/elle/on avait semblé
nous ᶻ avions semblé
vous ᶻ aviez semblé
ils/elles ᶻ avaient semblé

Passé antérieur
j'eus semblé
tu eus semblé
il/elle/on eut semblé
nous ᶻ eûmes semblé
vous ᶻ eûtes semblé
ils/elles ᶻ eurent semblé

Futur antérieur
j'aurai semblé
tu auras semblé
il/elle/on aura semblé
nous ᶻ aurons semblé
vous ᶻ aurez semblé
ils/elles ᶻ auront semblé

SONGER
To Think/Dream

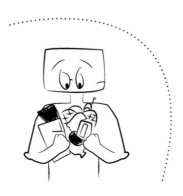

SONGER
To Think/Dream

Présent
je songe
tu songes
il/elle/on songe
nous songeons
vous songez
ils/elles songent

Passé composé
j'ai song**é**
tu as song**é**
il/elle/on a song**é**
nous ᶻ avons song**é**
vous ᶻ avez song**é**
ils/elles ᶻ ont song**é**

Imparfait
je songeais
tu songeais
il/elle/on songeait
nous songions
vous songiez
ils/elles songeaient

Plus-que-parfait
j'avais song**é**
tu avais song**é**
il/elle/on avait song**é**
nous ᶻ avions song**é**
vous ᶻ aviez song**é**
ils/elles ᶻ avaient song**é**

Passé simple
je songeai
tu songeas
il/elle/on songea
nous songe**âm**es
vous songe**ât**es
ils/elles song**èr**ent

Passé antérieur
j'eus song**é**
tu eus song**é**
il/elle/on eut song**é**
nous ᶻ eûmes song**é**
vous ᶻ eûtes song**é**
ils/elles ᶻ eurent song**é**

Futur simple
je songerai
tu songeras
il/elle/on songera
nous songerons
vous songerez
ils/elles songeront

Futur antérieur
j'aurai song**é**
tu auras song**é**
il/elle/on aura song**é**
nous ᶻ aurons song**é**
vous ᶻ aurez song**é**
ils/elles ᶻ auront song**é**

TOMBER
To Fall

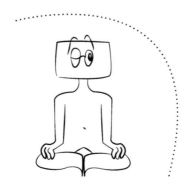

TOMBER
To Fall

Présent
je tombe
tu tombes
il/elle/on tombe
nous tombons
vous tombez
ils/elles tombent

Passé composé
je suis tombé **(é**e**)**
tu es tombé **(é**e**)**
il/elle/on est tombé **(é**e**)**
nous sommes tombés **(é**es**)**
vous ᶻ êtes tombés **(é**es**)**
ils/elles sont tombés **(é**es**)**

Imparfait
je tombais
tu tombais
il/elle/on tombait
nous tombions
vous tombiez
ils/elles tombaient

Plus-que-parfait
j'étais tombé **(é**e**)**
tu étais tombé **(é**e**)**
il/elle/on était tombé **(é**e**)**
nous ᶻ étions tombés **(é**es**)**
vous ᶻ étiez tombés **(é**es**)**
ils/elles ᶻ étaient tombés **(é**es**)**

Passé simple
je tombai
tu tombas
il/elle/on tomba
nous tombâmes
vous tombâtes
ils/elles tombèrent

Passé antérieur
je fus tombé **(é**e**)**
tu fus tombé **(é**e**)**
il/elle/on fut tombé **(é**e**)**
nous fûmes tombés **(é**es**)**
vous fûtes tombés **(é**es**)**
ils/elles furent tombés **(é**es**)**

Futur simple
je tomberai
tu tomberas
il/elle/on tombera
nous tomberons
vous tomberez
ils/elles tomberont

Futur antérieur
je serai tombé **(é**e**)**
tu seras tombé **(é**e**)**
il/elle/on sera tombé **(é**e**)**
nous serons tombés **(é**es**)**
vous serez tombés **(é**es**)**
ils/elles seront tombés **(é**es**)**

TOURNER
To Turn

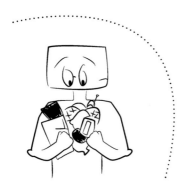

ER

TOURNER
To Turn

Présent
je tourne
tu tournes
il/elle/on tourne
nous tournons
vous tournez
ils/elles tournent

Imparfait
je tournais
tu tournais
il/elle/on tournait
nous tournions
vous tourniez
ils/elles tournaient

Passé simple
je tournai
tu tournas
il/elle/on tourna
nous tournâmes
vous tournâtes
ils/elles tournèrent

Futur simple
je tournerai
tu tourneras
il/elle/on tournera
nous tournerons
vous tournerez
ils/elles tourneront

Passé composé
j'ai tourné
tu as tourné
il/elle/on a tourné
nous ᶻ avons tourné
vous ᶻ avez tourné
ils/elles ᶻ ont tourné

Plus-que-parfait
j'avais tourné
tu avais tourné
il/elle/on avait tourné
nous ᶻ avions tourné
vous ᶻ aviez tourné
ils/elles ᶻ avaient tourné

Passé antérieur
j'eus tourné
tu eus tourné
il/elle/on eut tourné
nous ᶻ eûmes tourné
vous ᶻ eûtes tourné
ils/elles ᶻ eurent tourné

Futur antérieur
j'aurai tourné
tu auras tourné
il/elle/on aura tourné
nous ᶻ aurons tourné
vous ᶻ aurez tourné
ils/elles ᶻ auront tourné

TRAVAILLER
To Work

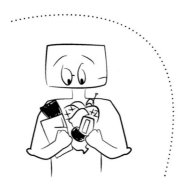

TRAVAILLER
To Work

Présent
je travaille
tu travailles
il/elle/on travaille
nous travaillons
vous travaillez
ils/elles travaillent

Imparfait
je travaillais
tu travaillais
il/elle/on travaillait
nous travaillions
vous travailliez
ils/elles travaillaient

Passé simple
je travaillai
tu travaillas
il/elle/on travailla
nous travaillâmes
vous travaillâtes
ils/elles travaillèrent

Futur simple
je travaillerai
tu travailleras
il/elle/on travaillera
nous travaillerons
vous travaillerez
ils/elles travailleront

Passé composé
j'ai travaillé
tu as travaillé
il/elle/on a travaillé
nous ^{z} avons travaillé
vous ^{z} avez travaillé
ils/elles ^{z} ont travaillé

Plus-que-parfait
j'avais travaillé
tu avais travaillé
il/elle/on avait travaillé
nous ^{z} avions travaillé
vous ^{z} aviez travaillé
ils/elles ^{z} avaient travaillé

Passé antérieur
j'eus travaillé
tu eus travaillé
il/elle/on eut travaillé
nous ^{z} eûmes travaillé
vous ^{z} eûtes travaillé
ils/elles ^{z} eurent travaillé

Futur antérieur
j'aurai travaillé
tu auras travaillé
il/elle/on aura travaillé
nous ^{z} aurons travaillé
vous ^{z} aurez travaillé
ils/elles ^{z} auront travaillé

TROUVER
To Find

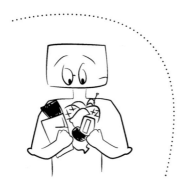

TROUVER
To Find

Présent
je trouve
tu trouves
il/elle/on trouve
nous trouvons
vous trouvez
ils/elles trouvent

Imparfait
je trouvais
tu trouvais
il/elle/on trouvait
nous trouvions
vous trouviez
ils/elles trouvaient

Passé simple
je trouvai
tu trouvas
il/elle/on trouva
nous trouvâmes
vous trouvâtes
ils/elles trouvèrent

Futur simple
je trouverai
tu trouveras
il/elle/on trouvera
nous trouverons
vous trouverez
ils/elles trouveront

Passé composé
j'ai trouvé
tu as trouvé
il/elle/on a trouvé
nous ᶻ avons trouvé
vous ᶻ avez trouvé
ils/elles ᶻ ont trouvé

Plus-que-parfait
j'avais trouvé
tu avais trouvé
il/elle/on avait trouvé
nous ᶻ avions trouvé
vous ᶻ aviez trouvé
ils/elles ᶻ avaient trouvé

Passé antérieur
j'eus trouvé
tu eus trouvé
il/elle/on eut trouvé
nous ᶻ eûmes trouvé
vous ᶻ eûtes trouvé
ils/elles ᶻ eurent trouvé

Futur antérieur
j'aurai trouvé
tu auras trouvé
il/elle/on aura trouvé
nous ᶻ aurons trouvé
vous ᶻ aurez trouvé
ils/elles ᶻ auront trouvé

AGIR
To Act

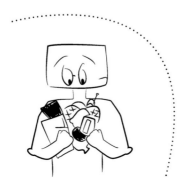

AGIR
To Act

Présent	**Passé composé**
j'agis	j'ai agi
tu agis	tu as agi
il/elle/on agit	il/elle/on a agi
nous ᶻ agissons	nous ᶻ avons agi
vous ᶻ agissez	vous ᶻ avez agi
ils/elles ᶻ agissent	ils/elles ᶻ ont agi

Imparfait	**Plus-que-parfait**
j'agissais	j'avais agi
tu agissais	tu avais agi
il/elle/on agissait	il/elle/on avait agi
nous ᶻ agissions	nous ᶻ avions agi
vous ᶻ agissiez	vous ᶻ aviez agi
ils/elles ᶻ agissaient	ils/elles ᶻ avaient agi

Passé simple	**Passé antérieur**
j'agis	j'eus agi
tu agis	tu eus agi
il/elle/on agit	il/elle/on eut agi
nous ᶻ agîmes	nous ᶻ eûmes agi
vous ᶻ agîtes	vous ᶻ eûtes agi
ils/elles ᶻ agirent	ils/elles ᶻ eurent agi

Futur simple	**Futur antérieur**
j'agirai	j'aurai agi
tu agiras	tu auras agi
il/elle/on agira	il/elle/on aura agi
nous ᶻ agirons	nous ᶻ aurons agi
vous ᶻ agirez	vous ᶻ aurez agi
ils/elles ᶻ agiront	ils/elles ᶻ auront agi

FINIR
To Finish

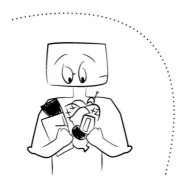

FINIR
To Finish

Présent
je fin**is**
tu fin**is**
il/elle/on fin**it**
nous fin**iss**ons
vous fin**iss**ez
ils/elles fin**iss**ent

Imparfait
je fin**iss**ais
tu fin**iss**ais
il/elle/on fin**iss**ait
nous fin**iss**ions
vous fin**iss**iez
ils/elles fin**iss**aient

Passé simple
je fin**is**
tu fin**is**
il/elle/on fin**it**
nous fin**îm**es
vous fin**ît**es
ils/elles fin**ir**ent

Futur simple
je fin**ira**i
tu fin**ira**s
il/elle/on fin**ira**
nous fin**iron**s
vous fin**ire**z
ils/elles fin**iron**t

Passé composé
j'ai fin**i**
tu as fin**i**
il/elle/on a fin**i**
nous ᶻ avons fin**i**
vous ᶻ avez fin**i**
ils/elles ᶻ ont fin**i**

Plus-que-parfait
j'avais fin**i**
tu avais fin**i**
il/elle/on avait fin**i**
nous ᶻ avions fin**i**
vous ᶻ aviez fin**i**
ils/elles ᶻ avaient fin**i**

Passé antérieur
j'eus fin**i**
tu eus fin**i**
il/elle/on eut fin**i**
nous ᶻ eûmes fin**i**
vous ᶻ eûtes fin**i**
ils/elles ᶻ eurent fin**i**

Futur antérieur
j'aurai fin**i**
tu auras fin**i**
il/elle/on aura fin**i**
nous ᶻ aurons fin**i**
vous ᶻ aurez fin**i**
ils/elles ᶻ auront fin**i**

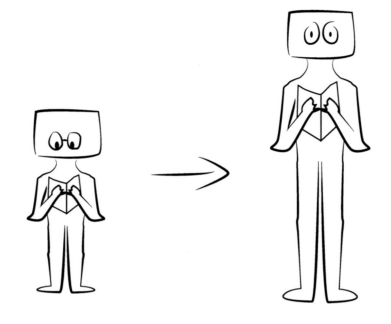

GRANDIR
To Grow

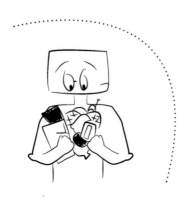

GRANDIR
To Grow

Présent
je grandis
tu grandis
il/elle/on grandit
nous grandissons
vous grandissez
ils/elles grandissent

Imparfait
je grandissais
tu grandissais
il/elle/on grandissait
nous grandissions
vous grandissiez
ils/elles grandissaient

Passé simple
je grandis
tu grandis
il/elle/on grandit
nous grandîmes
vous grandîtes
ils/elles grandirent

Futur simple
je grandirai
tu grandiras
il/elle/on grandira
nous grandirons
vous grandirez
ils/elles grandiront

Passé composé
j'ai grandi
tu as grandi
il/elle/on a grandi
nous ᶻ avons grandi
vous ᶻ avez grandi
ils/elles ᶻ ont grandi

Plus-que-parfait
j'avais grandi
tu avais grandi
il/elle/on avait grandi
nous ᶻ avions grandi
vous ᶻ aviez grandi
ils/elles ᶻ avaient grandi

Passé antérieur
j'eus grandi
tu eus grandi
il/elle/on eut grandi
nous ᶻ eûmes grandi
vous ᶻ eûtes grandi
ils/elles ᶻ eurent grandi

Futur antérieur
j'aurai grandi
tu auras grandi
il/elle/on aura grandi
nous ᶻ aurons grandi
vous ᶻ aurez grandi
ils/elles ᶻ auront grandi

ALLER
To Go

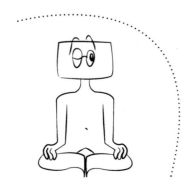

ALLER
To Go

Présent
je **va**is
tu **va**s
il/elle/on **va**
nous ᶻ all**ons**
vous ᶻ all**ez**
ils/elles **v**ont

Passé composé
je suis all**é (é**e)
tu es all**é (é**e)
il/elle/on est all**é (é**e)
nous sommes all**és (é**es)
vous ᶻ êtes all**és (é**es)
ils/elles sont all**és (é**es)

Imparfait
j'all**ais**
tu all**ais**
il/elle/on all**ait**
nous ᶻ all**ions**
vous ᶻ all**iez**
ils/elles ᶻ all**aient**

Plus-que-parfait
j'étais all**é (é**e)
tu étais all**é (é**e)
il/elle/on était all**é (é**e)
nous ᶻ étions all**és (é**es)
vous ᶻ étiez all**és (é**es)
ils/elles ᶻ étaient all**és (é**es)

Passé simple
j'all**ai**
tu all**as**
il/elle/on all**a**
nous ᶻ all**âm**es
vous ᶻ all**ât**es
ils/elles ᶻ all**è**r**ent**

Passé antérieur
je fus all**é (é**e)
tu fus all**é (é**e)
il/elle/on fut all**é (é**e)
nous fûmes all**és (é**es)
vous fûtes all**és (é**es)
ils/elles furent all**és (é**es)

Futur simple
j'**ir**ai
tu **ir**as
il/elle/on **ir**a
nous ᶻ **ir**ons
vous ᶻ **ir**ez
ils/elles ᶻ **ir**ont

Futur antérieur
je serai all**é (é**e)
tu seras all**é (é**e)
il/elle/on sera all**é (é**e)
nous serons all**és (é**es)
vous serez all**és (é**es)
ils/elles seront all**és (é**es)

APERCEVOIR
To Notice

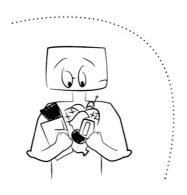

APERCEVOIR
To Notice

Présent
j'aper**ç**ois
tu aper**ç**ois
il/elle/on aper**ç**oit
nous ᶻ aper**cev**ons
vous ᶻ aper**cev**ez
ils/elles ᶻ aper**ç**oivent

Imparfait
j'aper**cev**ais
tu aper**cev**ais
il/elle/on aper**cev**ait
nous ᶻ aper**cev**ions
vous ᶻ aper**cev**iez
ils/elles ᶻ aper**cev**aient

Passé simple
j'aper**çu**s
tu aper**çu**s
il/elle/on aper**çu**t
nous ᶻ aper**çûm**es
vous ᶻ aper**çût**es
ils/elles ᶻ aper**çur**ent

Futur simple
j'aper**cevr**ai
tu aper**cevr**as
il/elle/on aper**cevr**a
nous ᶻ aper**cevr**ons
vous ᶻ aper**cevr**ez
ils/elles ᶻ aper**cevr**ont

Passé composé
j'ai aper**çu**
tu as aper**çu**
il/elle/on a aper**çu**
nous ᶻ avons aper**çu**
vous ᶻ avez aper**çu**
ils/elles ᶻ ont aper**çu**

Plus-que-parfait
j'avais aper**çu**
tu avais aper**çu**
il/elle/on avait aper**çu**
nous ᶻ avions aper**çu**
vous ᶻ aviez aper**çu**
ils/elles ᶻ avaient aper**çu**

Passé antérieur
j'eus aper**çu**
tu eus aper**çu**
il/elle/on eut aper**çu**
nous ᶻ eûmes aper**çu**
vous ᶻ eûtes aper**çu**
ils/elles ᶻ eurent aper**çu**

Futur antérieur
j'aurai aper**çu**
tu auras aper**çu**
il/elle/on aura aper**çu**
nous ᶻ aurons aper**çu**
vous ᶻ aurez aper**çu**
ils/elles ᶻ auront aper**çu**

APPRENDRE
To Learn

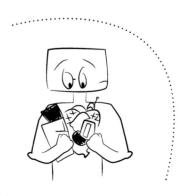

APPRENDRE
To Learn

Présent
j'apprends
tu apprends
il/elle/on apprend
nous ᶻ apprenons
vous ᶻ apprenez
ils/elles ᶻ apprennent

Imparfait
j'apprenais
tu apprenais
il/elle/on apprenait
nous ᶻ apprenions
vous ᶻ appreniez
ils/elles ᶻ apprenaient

Passé simple
j'appris
tu appris
il/elle/on apprit
nous ᶻ apprîmes
vous ᶻ apprîtes
ils/elles ᶻ apprirent

Futur simple
j'apprendrai
tu apprendras
il/elle/on apprendra
nous ᶻ apprendrons
vous ᶻ apprendrez
ils/elles ᶻ apprendront

Passé composé
j'ai appris
tu as appris
il/elle/on a appris
nous ᶻ avons appris
vous ᶻ avez appris
ils/elles ᶻ ont appris

Plus-que-parfait
j'avais appris
tu avais appris
il/elle/on avait appris
nous ᶻ avions appris
vous ᶻ aviez appris
ils/elles ᶻ avaient appris

Passé antérieur
j'eus appris
tu eus appris
il/elle/on eut appris
nous ᶻ eûmes appris
vous ᶻ eûtes appris
ils/elles ᶻ eurent appris

Futur antérieur
j'aurai appris
tu auras appris
il/elle/on aura appris
nous ᶻ aurons appris
vous ᶻ aurez appris
ils/elles ᶻ auront appris

ATTENDRE
To Wait

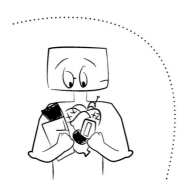

ATTENDRE
To Wait

Présent
j'attends
tu attends
il/elle/on attend
nous ᶻ attendons
vous ᶻ attendez
ils/elles ᶻ attendent

Passé composé
j'ai attendu
tu as attendu
il/elle/on a attendu
nous ᶻ avons attendu
vous ᶻ avez attendu
ils/elles ᶻ ont attendu

Imparfait
j'attendais
tu attendais
il/elle/on attendait
nous ᶻ attendions
vous ᶻ attendiez
ils/elles ᶻ attendaient

Plus-que-parfait
j'avais attendu
tu avais attendu
il/elle/on avait attendu
nous ᶻ avions attendu
vous ᶻ aviez attendu
ils/elles ᶻ avaient attendu

Passé simple
j'attendis
tu attendis
il/elle/on attendit
nous ᶻ attendîmes
vous ᶻ attendîtes
ils/elles ᶻ attendirent

Passé antérieur
j'eus attendu
tu eus attendu
il/elle/on eut attendu
nous ᶻ eûmes attendu
vous ᶻ eûtes attendu
ils/elles ᶻ eurent attendu

Futur simple
j'attendrai
tu attendras
il/elle/on attendra
nous ᶻ attendrons
vous ᶻ attendrez
ils/elles ᶻ attendront

Futur antérieur
j'aurai attendu
tu auras attendu
il/elle/on aura attendu
nous ᶻ aurons attendu
vous ᶻ aurez attendu
ils/elles ᶻ auront attendu

BOIRE
To Drink

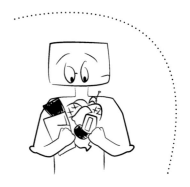

BOIRE
To Drink

Présent
je bois
tu bois
il/elle/on boit
nous buvons
vous buvez
ils/elles boivent

Imparfait
je buvais
tu buvais
il/elle/on buvait
nous buvions
vous buviez
ils/elles buvaient

Passé simple
je bus
tu bus
il/elle/on but
nous bûmes
vous bûtes
ils/elles burent

Futur simple
je boirai
tu boiras
il/elle/on boira
nous boirons
vous boirez
ils/elles boiront

Passé composé
j'ai bu
tu as bu
il/elle/on a bu
nous ᶻ avons bu
vous ᶻ avez bu
ils/elles ᶻ ont bu

Plus-que-parfait
j'avais bu
tu avais bu
il/elle/on avait bu
nous ᶻ avions bu
vous ᶻ aviez bu
ils/elles ᶻ avaient bu

Passé antérieur
j'eus bu
tu eus bu
il/elle/on eut bu
nous ᶻ eûmes bu
vous ᶻ eûtes bu
ils/elles ᶻ eurent bu

Futur antérieur
j'aurai bu
tu auras bu
il/elle/on aura bu
nous ᶻ aurons bu
vous ᶻ aurez bu
ils/elles ᶻ auront bu

COMBATTRE
To Fight

COMBATTRE
To Fight

Présent
je combats
tu combats
il/elle/on combat
nous combattons
vous combattez
ils/elles combattent

Imparfait
je combattais
tu combattais
il/elle/on combattait
nous combattions
vous combattiez
ils/elles combattaient

Passé simple
je combattis
tu combattis
il/elle/on combattit
nous combattîmes
vous combattîtes
ils/elles combattirent

Futur simple
je combattrai
tu combattras
il/elle/on combattra
nous combattrons
vous combattrez
ils/elles combattront

Passé composé
j'ai combattu
tu as combattu
il/elle/on a combattu
nous ᶻ avons combattu
vous ᶻ avez combattu
ils/elles ᶻ ont combattu

Plus-que-parfait
j'avais combattu
tu avais combattu
il/elle/on avait combattu
nous ᶻ avions combattu
vous ᶻ aviez combattu
ils/elles ᶻ avaient combattu

Passé antérieur
j'eus combattu
tu eus combattu
il/elle/on eut combattu
nous ᶻ eûmes combattu
vous ᶻ eûtes combattu
ils/elles ᶻ eurent combattu

Futur antérieur
j'aurai combattu
tu auras combattu
il/elle/on aura combattu
nous ᶻ aurons combattu
vous ᶻ aurez combattu
ils/elles ᶻ auront combattu

COMPRENDRE
To Understand

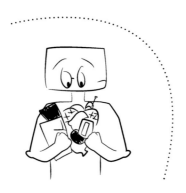

DRE

COMPRENDRE
To Understand

Présent
je comprends
tu comprends
il/elle/on comprend
nous comprenons
vous comprenez
ils/elles comprennent

Imparfait
je comprenais
tu comprenais
il/elle/on comprenait
nous comprenions
vous compreniez
ils/elles comprenaient

Passé simple
je compris
tu compris
il/elle/on comprit
nous comprîmes
vous comprîtes
ils/elles comprirent

Futur simple
je comprendrai
tu comprendras
il/elle/on comprendra
nous comprendrons
vous comprendrez
ils/elles comprendront

Passé composé
j'ai compris
tu as compris
il/elle/on a compris
nous ᶻ avons compris
vous ᶻ avez compris
ils/elles ᶻ ont compris

Plus-que-parfait
j'avais compris
tu avais compris
il/elle/on avait compris
nous ᶻ avions compris
vous ᶻ aviez compris
ils/elles ᶻ avaient compris

Passé antérieur
j'eus compris
tu eus compris
il/elle/on eut compris
nous ᶻ eûmes compris
vous ᶻ eûtes compris
ils/elles ᶻ eurent compris

Futur antérieur
j'aurai compris
tu auras compris
il/elle/on aura compris
nous ᶻ aurons compris
vous ᶻ aurez compris
ils/elles ᶻ auront compris

CONNAÎTRE
To Know

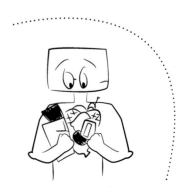

CONNAÎTRE
To Know

Présent
je connais
tu connais
il/elle/on connaît
nous connaissons
vous connaissez
ils/elles connaissent

Passé composé
j'ai connu
tu as connu
il/elle/on a connu
nous ᶻ avons connu
vous ᶻ avez connu
ils/elles ᶻ ont connu

Imparfait
je connaissais
tu connaissais
il/elle/on connaissait
nous connaissions
vous connaissiez
ils/elles connaissaient

Plus-que-parfait
j'avais connu
tu avais connu
il/elle/on avait connu
nous ᶻ avions connu
vous ᶻ aviez connu
ils/elles ᶻ avaient connu

Passé simple
je connus
tu connus
il/elle/on connut
nous connûmes
vous connûtes
ils/elles connurent

Passé antérieur
j'eus connu
tu eus connu
il/elle/on eut connu
nous ᶻ eûmes connu
vous ᶻ eûtes connu
ils/elles ᶻ eurent connu

Futur simple
je connaîtrai
tu connaîtras
il/elle/on connaîtra
nous connaîtrons
vous connaîtrez
ils/elles connaîtront

Futur antérieur
j'aurai connu
tu auras connu
il/elle/on aura connu
nous ᶻ aurons connu
vous ᶻ aurez connu
ils/elles ᶻ auront connu

COURIR
To Run

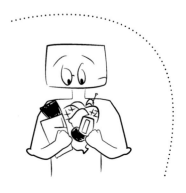

COURIR
To Run

Présent
je cours
tu cours
il/elle/on court
nous courons
vous courez
ils/elles courent

Imparfait
je courais
tu courais
il/elle/on courait
nous courions
vous couriez
ils/elles couraient

Passé simple
je courus
tu courus
il/elle/on courut
nous courûmes
vous courûtes
ils/elles coururent

Futur simple
je courrai
tu courras
il/elle/on courra
nous courrons
vous courrez
ils/elles courront

Passé composé
j'ai couru
tu as couru
il/elle/on a couru
nous ᶻ avons couru
vous ᶻ avez couru
ils/elles ᶻ ont couru

Plus-que-parfait
j'avais couru
tu avais couru
il/elle/on avait couru
nous ᶻ avions couru
vous ᶻ aviez couru
ils/elles ᶻ avaient couru

Passé antérieur
j'eus couru
tu eus couru
il/elle/on eut couru
nous ᶻ eûmes couru
vous ᶻ eûtes couru
ils/elles ᶻ eurent couru

Futur antérieur
j'aurai couru
tu auras couru
il/elle/on aura couru
nous ᶻ aurons couru
vous ᶻ aurez couru
ils/elles ᶻ auront couru

CROIRE
To Believe

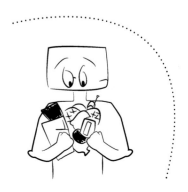

CROIRE
To Believe

Présent
je crois
tu crois
il/elle/on croit
nous croyons
vous croyez
ils/elles croient

Passé composé
j'ai cru
tu as cru
il/elle/on a cru
nous ᶻ avons cru
vous ᶻ avez cru
ils/elles ᶻ ont cru

Imparfait
je croyais
tu croyais
il/elle/on croyait
nous croyions
vous croyiez
ils/elles croyaient

Plus-que-parfait
j'avais cru
tu avais cru
il/elle/on avait cru
nous ᶻ avions cru
vous ᶻ aviez cru
ils/elles ᶻ avaient cru

Passé simple
je crus
tu crus
il/elle/on crut
nous crûmes
vous crûtes
ils/elles crurent

Passé antérieur
j'eus cru
tu eus cru
il/elle/on eut cru
nous ᶻ eûmes cru
vous ᶻ eûtes cru
ils/elles ᶻ eurent cru

Futur simple
je croirai
tu croiras
il/elle/on croira
nous croirons
vous croirez
ils/elles croiront

Futur antérieur
j'aurai cru
tu auras cru
il/elle/on aura cru
nous ᶻ aurons cru
vous ᶻ aurez cru
ils/elles ᶻ auront cru

DESCENDRE
To Go Down

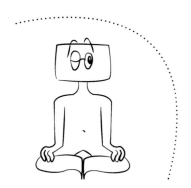

DESCENDRE
To Go Down

Présent
je descends
tu descends
il/elle/on descend
nous descendons
vous descendez
ils/elles descendent

Imparfait
je descendais
tu descendais
il/elle/on descendait
nous descendions
vous descendiez
ils/elles descendaient

Passé simple
je descendis
tu descendis
il/elle/on descendit
nous descendîmes
vous descendîtes
ils/elles descendirent

Futur simple
je descendrai
tu descendras
il/elle/on descendra
nous descendrons
vous descendrez
ils/elles descendront

Passé composé
je suis descendu (ue)
tu es descendu (ue)
il/elle/on est descendu (ue)
nous sommes descendus (ues)
vous ᶻ êtes descendus (ues)
ils/elles sont descendus (ues)

Plus-que-parfait
j'étais descendu (ue)
tu étais descendu (ue)
il/elle/on était descendu (ue)
nous ᶻ étions descendus (ues)
vous ᶻ étiez descendus (ues)
ils/elles ᶻ étaient descendus (ues)

Passé antérieur
Je fus descendu (ue)
tu fus descendu (ue)
il/elle/on fut descendu (ue)
nous fûmes descendus (ues)
vous fûtes descendus (ues)
ils/elles furent descendus (ues)

Futur antérieur
je serai descendu (ue)
tu seras descendu (ue)
il/elle/on sera descendu (ue)
nous serons descendus (ues)
vous serez descendus (ues)
ils/elles seront descendus (ues)

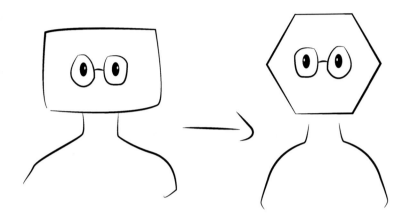

DEVENIR
To Become

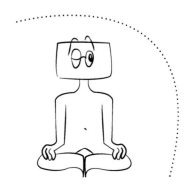

DEVENIR
To Become

Présent
je deviens
tu deviens
il/elle/on devient
nous devenons
vous devenez
ils/elles deviennent

Imparfait
je devenais
tu devenais
il/elle/on devenait
nous devenions
vous deveniez
ils/elles devenaient

Passé simple
je devins
tu devins
il/elle/on devint
nous devînmes
vous devîntes
ils/elles devinrent

Futur simple
je deviendrai
tu deviendras
il/elle/on deviendra
nous deviendrons
vous deviendrez
ils/elles deviendront

Passé composé
je suis devenu (ue)
tu es devenu (ue)
il/elle/on est devenu (ue)
nous sommes devenus (ues)
vous ᶻ êtes devenus (ues)
ils/elles sont devenus (ues)

Plus-que-parfait
j'étais devenu (ue)
tu étais devenu (ue)
il/elle/on était devenu (ue)
nous ᶻ étions devenus (ues)
vous ᶻ étiez devenus (ues)
ils/elles ᶻ étaient devenus (ues)

Passé antérieur
Je fus devenu (ue)
tu fus devenu (ue)
il/elle/on fut devenu (ue)
nous fûmes devenus (ues)
vous fûtes devenus (ues)
ils/elles furent devenus (ues)

Futur antérieur
je serai devenu (ue)
tu seras devenu (ue)
il/elle/on sera devenu (ue)
nous serons devenus (ues)
vous serez devenus (ues)
ils/elles seront devenus (ues)

DEVOIR
To Have to/Must

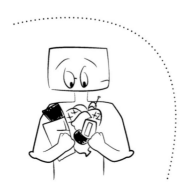

DEVOIR
To Have to/Must

Présent
je dois
tu dois
il/elle/on doit
nous devons
vous devez
ils/elles doivent

Passé composé
j'ai dû
tu as dû
il/elle/on a dû
nous ᶻ avons dû
vous ᶻ avez dû
ils/elles ᶻ ont dû

Imparfait
je devais
tu devais
il/elle/on devait
nous devions
vous deviez
ils/elles devaient

Plus-que-parfait
j'avais dû
tu avais dû
il/elle/on avait dû
nous ᶻ avions dû
vous ᶻ aviez dû
ils/elles ᶻ avaient dû

Passé simple
je dus
tu dus
il/elle/on dut
nous dûmes
vous dûtes
ils/elles durent

Passé antérieur
j'eus dû
tu eus dû
il/elle/on eut dû
nous ᶻ eûmes dû
vous ᶻ eûtes dû
ils/elles ᶻ eurent dû

Futur simple
je devrai
tu devras
il/elle/on devra
nous devrons
vous devrez
ils/elles devront

Futur antérieur
j'aurai dû
tu auras dû
il/elle/on aura dû
nous ᶻ aurons dû
vous ᶻ aurez dû
ils/elles ᶻ auront dû

DIRE
To Say

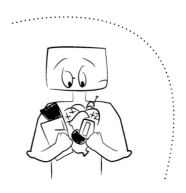

DIRE
To Say

Présent
je dis
tu dis
il/elle/on dit
nous disons
vous dites
ils/elles disent

Imparfait
je disais
tu disais
il/elle/on disait
nous disions
vous disiez
ils/elles disaient

Passé simple
je dis
tu dis
il/elle/on dit
nous dîmes
vous dîtes
ils/elles dirent

Futur simple
je dirai
tu diras
il/elle/on dira
nous dirons
vous direz
ils/elles diront

Passé composé
j'ai dit
tu as dit
il/elle/on a dit
nous ᶻ avons dit
vous ᶻ avez dit
ils/elles ᶻ ont dit

Plus-que-parfait
j'avais dit
tu avais dit
il/elle/on avait dit
nous ᶻ avions dit
vous ᶻ aviez dit
ils/elles ᶻ avaient dit

Passé antérieur
j'eus dit
tu eus dit
il/elle/on eut dit
nous ᶻ eûmes dit
vous ᶻ eûtes dit
ils/elles ᶻ eurent dit

Futur antérieur
j'aurai dit
tu auras dit
il/elle/on aura dit
nous ᶻ aurons dit
vous ᶻ aurez dit
ils/elles ᶻ auront dit

DORMIR
To Sleep

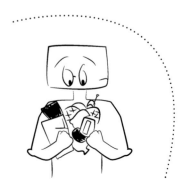

DORMIR
To Sleep

Présent
je dors
tu dors
il/elle/on dort
nous dormons
vous dormez
ils/elles dorment

Imparfait
je dormais
tu dormais
il/elle/on dormait
nous dormions
vous dormiez
ils/elles dormaient

Passé simple
je dormis
tu dormis
il/elle/on dormit
nous dormîmes
vous dormîtes
ils/elles dormirent

Futur simple
je dormirai
tu dormiras
il/elle/on dormira
nous dormirons
vous dormirez
ils/elles dormiront

Passé composé
j'ai dormi
tu as dormi
il/elle/on a dormi
nous ᶻ avons dormi
vous ᶻ avez dormi
ils/elles ᶻ ont dormi

Plus-que-parfait
j'avais dormi
tu avais dormi
il/elle/on avait dormi
nous ᶻ avions dormi
vous ᶻ aviez dormi
ils/elles ᶻ avaient dormi

Passé antérieur
j'eus dormi
tu eus dormi
il/elle/on eut dormi
nous ᶻ eûmes dormi
vous ᶻ eûtes dormi
ils/elles ᶻ eurent dormi

Futur antérieur
j'aurai dormi
tu auras dormi
il/elle/on aura dormi
nous ᶻ aurons dormi
vous ᶻ aurez dormi
ils/elles ᶻ auront dormi

ÉCRIRE
To Write

ÉCRIRE
To Write

Présent
j'écris
tu écris
il/elle/on écrit
nous ᶻ écrivons
vous ᶻ écrivez
ils/elles ᶻ écrivent

Imparfait
j'écrivais
tu écrivais
il/elle/on écrivait
nous ᶻ écrivions
vous ᶻ écriviez
ils/elles ᶻ écrivaient

Passé simple
j'écrivis
tu écrivis
il/elle/on écrivit
nous ᶻ écrivîmes
vous ᶻ écrivîtes
ils/elles ᶻ écrivirent

Futur simple
j'écrirai
tu écriras
il/elle/on écrira
nous ᶻ écrirons
vous ᶻ écrirez
ils/elles ᶻ écriront

Passé composé
j'ai écrit
tu as écrit
il/elle/on a écrit
nous ᶻ avons écrit
vous ᶻ avez écrit
ils/elles ᶻ ont écrit

Plus-que-parfait
j'avais écrit
tu avais écrit
il/elle/on avait écrit
nous ᶻ avions écrit
vous ᶻ aviez écrit
ils/elles ᶻ avaient écrit

Passé antérieur
j'eus écrit
tu eus écrit
il/elle/on eut écrit
nous ᶻ eûmes écrit
vous ᶻ eûtes écrit
ils/elles ᶻ eurent écrit

Futur antérieur
j'aurai écrit
tu auras écrit
il/elle/on aura écrit
nous ᶻ aurons écrit
vous ᶻ aurez écrit
ils/elles ᶻ auront écrit

ENTENDRE
To Hear

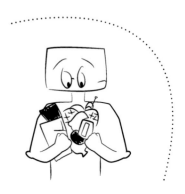

ENTENDRE
To Hear

Présent
j'entend**s**
tu entend**s**
il/elle/on entend
nous ᶻ entend**ons**
vous ᶻ entend**ez**
il**s**/elle**s** ᶻ entend**ent**

Imparfait
j'entend**ais**
tu entend**ais**
il/elle/on entend**ait**
nous ᶻ entend**ions**
vous ᶻ entend**iez**
il**s**/elle**s** ᶻ entend**aient**

Passé simple
j'entend**is**
tu entend**is**
il/elle/on entend**it**
nous ᶻ entend**îm**es
vous ᶻ entend**ît**es
il**s**/elle**s** ᶻ entend**irent**

Futur simple
j'entend**rai**
tu entend**ra**s
il/elle/on entend**ra**
nous ᶻ entend**ron**s
vous ᶻ entend**rez**
il**s**/elle**s** ᶻ entend**ront**

Passé composé
j'ai entend**u**
tu as entend**u**
il/elle/on a entend**u**
nous ᶻ avons entend**u**
vous ᶻ avez entend**u**
il**s**/elle**s** ᶻ ont entend**u**

Plus-que-parfait
j'avais entend**u**
tu avais entend**u**
il/elle/on avait entend**u**
nous ᶻ avions entend**u**
vous ᶻ aviez entend**u**
il**s**/elle**s** ᶻ avaient entend**u**

Passé antérieur
j'eus entend**u**
tu eus entend**u**
il/elle/on eut entend**u**
nous ᶻ eûmes entend**u**
vous ᶻ eûtes entend**u**
il**s**/elle**s** ᶻ eurent entend**u**

Futur antérieur
j'aurai entend**u**
tu auras entend**u**
il/elle/on aura entend**u**
nous ᶻ aurons entend**u**
vous ᶻ aurez entend**u**
il**s**/elle**s** ᶻ auront entend**u**

FAIRE
To Do/Make

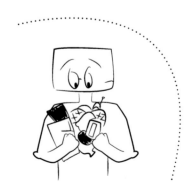

FAIRE
To Do/Make

Présent
je fais
tu fais
il/elle/on fait
nous faisons
vous faites
ils/elles font

Passé composé
j'ai fait
tu as fait
il/elle/on a fait
nous ᶻ avons fait
vous ᶻ avez fait
ils/elles ᶻ ont fait

Imparfait
je faisais
tu faisais
il/elle/on faisait
nous faisions
vous faisiez
ils/elles faisaient

Plus-que-parfait
j'avais fait
tu avais fait
il/elle/on avait fait
nous ᶻ avions fait
vous ᶻ aviez fait
ils/elles ᶻ avaient fait

Passé simple
je fis
tu fis
il/elle/on fit
nous fîmes
vous fîtes
ils/elles firent

Passé antérieur
j'eus fait
tu eus fait
il/elle/on eut fait
nous ᶻ eûmes fait
vous ᶻ eûtes fait
ils/elles ᶻ eurent fait

Futur simple
je ferai
tu feras
il/elle/on fera
nous ferons
vous ferez
ils/elles feront

Futur antérieur
j'aurai fait
tu auras fait
il/elle/on aura fait
nous ᶻ aurons fait
vous ᶻ aurez fait
ils/elles ᶻ auront fait

FALLOIR
To Have to/Must

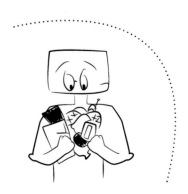

FALLOIR
To Have to/Must

Présent	Passé composé
il faut	il a fallu

Imparfait	Plus-que-parfait
il fallait	il avait fallu

Passé simple	Passé antérieur
il fallut	il eut fallu

Futur simple	Futur antérieur
il faudra	il aura fallu

LIRE
To Read

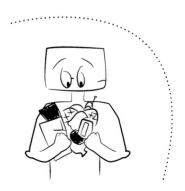

LIRE
To Read

Présent
je lis
tu lis
il/elle/on lit
nous lisons
vous lisez
ils/elles lisent

Passé composé
j'ai lu
tu as lu
il/elle/on a lu
nous ᶻ avons lu
vous ᶻ avez lu
ils/elles ᶻ ont lu

Imparfait
je lisais
tu lisais
il/elle/on lisait
nous lisions
vous lisiez
ils/elles lisaient

Plus-que-parfait
j'avais lu
tu avais lu
il/elle/on avait lu
nous ᶻ avions lu
vous ᶻ aviez lu
ils/elles ᶻ avaient lu

Passé simple
je lus
tu lus
il/elle/on lut
nous lûmes
vous lûtes
ils/elles lurent

Passé antérieur
j'eus lu
tu eus lu
il/elle/on eut lu
nous ᶻ eûmes lu
vous ᶻ eûtes lu
ils/elles ᶻ eurent lu

Futur simple
je lirai
tu liras
il/elle/on lira
nous lirons
vous lirez
ils/elles liront

Futur antérieur
j'aurai lu
tu auras lu
il/elle/on aura lu
nous ᶻ aurons lu
vous ᶻ aurez lu
ils/elles ᶻ auront lu

METTRE
To Put on/Place

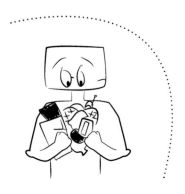

METTRE
To Put on/Place

Présent
je mets
tu mets
il/elle/on met
nous mettons
vous mettez
ils/elles mettent

Imparfait
je mettais
tu mettais
il/elle/on mettait
nous mettions
vous mettiez
ils/elles mettaient

Passé simple
je mis
tu mis
il/elle/on mit
nous mîmes
vous mîtes
ils/elles mirent

Futur simple
je mettrai
tu mettras
il/elle/on mettra
nous mettrons
vous mettrez
ils/elles mettront

Passé composé
j'ai mis
tu as mis
il/elle/on a mis
nous ᶻ avons mis
vous ᶻ avez mis
ils/elles ᶻ ont mis

Plus-que-parfait
j'avais mis
tu avais mis
il/elle/on avait mis
nous ᶻ avions mis
vous ᶻ aviez mis
ils/elles ᶻ avaient mis

Passé antérieur
j'eus mis
tu eus mis
il/elle/on eut mis
nous ᶻ eûmes mis
vous ᶻ eûtes mis
ils/elles ᶻ eurent mis

Futur antérieur
j'aurai mis
tu auras mis
il/elle/on aura mis
nous ᶻ aurons mis
vous ᶻ aurez mis
ils/elles ᶻ auront mis

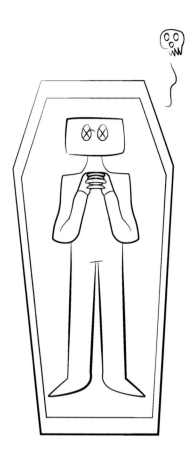

MOURIR
To Die

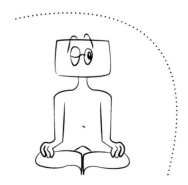

MOURIR
To Die

Présent
je meurs
tu meurs
il/elle/on meurt
nous mourons
vous mourez
ils/elles meurent

Imparfait
je mourais
tu mourais
il/elle/on mourait
nous mourions
vous mouriez
ils/elles mouraient

Passé simple
je mourus
tu mourus
il/elle/on mourut
nous mourûmes
vous mourûtes
ils/elles moururent

Futur simple
je mourrai
tu mourras
il/elle/on mourra
nous mourrons
vous mourrez
ils/elles mourront

Passé composé
je suis mort (morte)
tu es mort (morte)
il/elle/on est mort (morte)
nous sommes morts (mortes)
vous ᶻ êtes morts (mortes)
ils/elles sont morts (mortes)

Plus-que-parfait
j'étais mort (morte)
tu étais mort (morte)
il/elle/on était mort (morte)
nous ᶻ étions morts (mortes)
vous ᶻ étiez morts (mortes)
ils/elles ᶻ étaient morts

Passé antérieur
Je fus mort (morte)
tu fus mort (morte)
il/elle/on fut mort (morte)
nous fûmes morts (mortes)
vous fûtes morts (mortes)
ils/elles furent morts (mortes)

Futur antérieur
je serai mort (morte)
tu seras mort (morte)
il/elle/on sera mort (morte)
nous serons morts (mortes)
vous serez morts (mortes)
ils/elles seront morts (mortes)

OFFRIR
To Offer

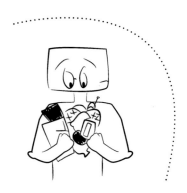

OFFRIR
To Offer

Présent
j'offre
tu offres
il/elle/on offre
nous ᶻ offrons
vous ᶻ offrez
ils/elles ᶻ offrent

Imparfait
j'offrais
tu offrais
il/elle/on offrait
nous ᶻ offrions
vous ᶻ offriez
ils/elles ᶻ offraient

Passé simple
j'offris
tu offris
il/elle/on offrit
nous ᶻ offrîmes
vous ᶻ offrîtes
ils/elles ᶻ offrirent

Futur simple
j'offrirai
tu offriras
il/elle/on offrira
nous ᶻ offrirons
vous ᶻ offrirez
ils/elles ᶻ offriront

Passé composé
j'ai offert
tu as offert
il/elle/on a offert
nous ᶻ avons offert
vous ᶻ avez offert
ils/elles ᶻ ont offert

Plus-que-parfait
j'avais offert
tu avais offert
il/elle/on avait offert
nous ᶻ avions offert
vous ᶻ aviez offert
ils/elles ᶻ avaient offert

Passé antérieur
j'eus offert
tu eus offert
il/elle/on eut offert
nous ᶻ eûmes offert
vous ᶻ eûtes offert
ils/elles ᶻ eurent offert

Futur antérieur
j'aurai offert
tu auras offert
il/elle/on aura offert
nous ᶻ aurons offert
vous ᶻ aurez offert
ils/elles ᶻ auront offert

OUVRIR
To Open

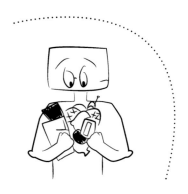

OUVRIR
To Open

Présent
j'ouvre
tu ouvres
il/elle/on ouvre
nous ᶻ ouvrons
vous ᶻ ouvrez
ils/elles ᶻ ouvrent

Imparfait
j'ouvrais
tu ouvrais
il/elle/on ouvrait
nous ᶻ ouvrions
vous ᶻ ouvriez
ils/elles ᶻ ouvraient

Passé simple
j'ouvris
tu ouvris
il/elle/on ouvrit
nous ᶻ ouvrîmes
vous ᶻ ouvrîtes
ils/elles ᶻ ouvrirent

Futur simple
j'ouvrirai
tu ouvriras
il/elle/on ouvrira
nous ᶻ ouvrirons
vous ᶻ ouvrirez
ils/elles ᶻ ouvriront

Passé composé
j'ai ouvert
tu as ouvert
il/elle/on a ouvert
nous ᶻ avons ouvert
vous ᶻ avez ouvert
ils/elles ᶻ ont ouvert

Plus-que-parfait
j'avais ouvert
tu avais ouvert
il/elle/on avait ouvert
nous ᶻ avions ouvert
vous ᶻ aviez ouvert
ils/elles ᶻ avaient ouvert

Passé antérieur
j'eus ouvert
tu eus ouvert
il/elle/on eut ouvert
nous ᶻ eûmes ouvert
vous ᶻ eûtes ouvert
ils/elles ᶻ eurent ouvert

Futur antérieur
j'aurai ouvert
tu auras ouvert
il/elle/on aura ouvert
nous ᶻ aurons ouvert
vous ᶻ aurez ouvert
ils/elles ᶻ auront ouvert

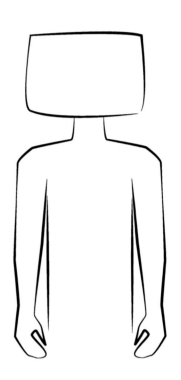
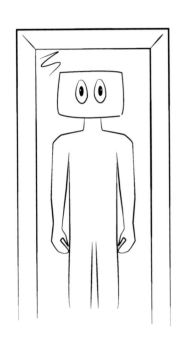

PARAÎTRE
To Look/Appear

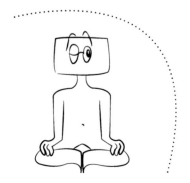
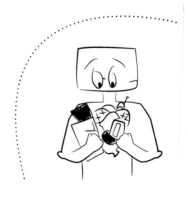

PARAÎTRE
To Look/Appear

Présent
je parais
tu parais
il/elle/on paraît
nous paraissons
vous paraissez
ils/elles paraissent

Imparfait
je paraissais
tu paraissais
il/elle/on paraissait
nous paraissions
vous paraissiez
ils/elles paraissaient

Passé simple
je parus
tu parus
il/elle/on parut
nous parûmes
vous parûtes
ils/elles parurent

Futur simple
je paraîtrai
tu paraîtras
il/elle/on paraîtra
nous paraîtrons
vous paraîtrez
ils/elles paraîtront

Passé composé
je suis paru (ue)
tu es paru (ue)
il/elle/on est paru (ue)
nous sommes parus (ues)
vous ᶻ êtes parus (ues)
ils/elles sont parus (ues)

Plus-que-parfait
j'étais paru (ue)
tu étais paru (ue)
il/elle/on était paru (ue)
nous ᶻ étions parus (ues)
vous ᶻ étiez parus (ues)
ils/elles ᶻ étaient parus (ues)

Passé antérieur
je fus paru (ue)
tu fus paru (ue)
il/elle/on fut paru (ue)
nous fûmes parus (ues)
vous fûtes parus (ues)
ils/elles furent parus (ues)

Futur antérieur
je serai paru (ue)
tu seras paru (ue)
il/elle/on sera paru (ue)
nous serons parus (ues)
vous serez parus (ues)
ils/elles seront parus (ues)

PARTIR
To Leave

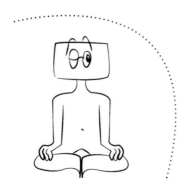

PARTIR
To Leave

Présent	**Passé composé**
je pars	je suis parti (ie)
tu pars	tu es parti (ie)
il/elle/on part	il/elle/on est parti (ie)
nous partons	nous sommes partis (ies)
vous partez	vous ᶻ êtes partis (ies)
ils/elles partent	ils/elles sont partis (ies)

Imparfait	**Plus-que-parfait**
je partais	j'étais parti (ie)
tu partais	tu étais parti (ie)
il/elle/on partait	il/elle/on était parti (ie)
nous partions	nous ᶻ étions partis (ies)
vous partiez	vous ᶻ étiez partis (ies)
ils/elles partaient	ils/elles ᶻ étaient partis (ies)

Passé simple	**Passé antérieur**
je partis	Je fus parti (ie)
tu partis	tu fus parti (ie)
il/elle/on partit	il/elle/on parti (ie)
nous partîmes	nous fûmes partis (ies)
vous partîtes	vous fûtes partis (ies)
ils/elles partirent	ils/elles furent partis (ies)

Futur simple	**Futur antérieur**
je partirai	je serai parti (ie)
tu partiras	tu seras parti (ie)
il/elle/on partira	il/elle/on sera parti (ie)
nous partirons	nous serons partis (ies)
vous partirez	vous serez partis (ies)
ils/elles partiront	ils/elles seront partis (ies)

PEINDRE
To Paint

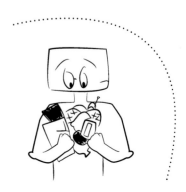

PEINDRE
To Paint

Présent
je peins
tu peins
il/elle/on peint
nous peignons
vous peignez
ils/elles peignent

Passé composé
j'ai peint
tu as peint
il/elle/on a peint
nous ᶻ avons peint
vous ᶻ avez peint
ils/elles ᶻ ont peint

Imparfait
je peignais
tu peignais
il/elle/on peignait
nous peignions
vous peigniez
ils/elles peignaient

Plus-que-parfait
j'avais peint
tu avais peint
il/elle/on avait peint
nous ᶻ avions peint
vous ᶻ aviez peint
ils/elles ᶻ avaient peint

Passé simple
je peignis
tu peignis
il/elle/on peignit
nous peignîmes
vous peignîtes
ils/elles peignirent

Passé antérieur
j'eus peint
tu eus peint
il/elle/on eut peint
nous ᶻ eûmes peint
vous ᶻ eûtes peint
ils/elles ᶻ eurent peint

Futur simple
je peindrai
tu peindras
il/elle/on peindra
nous peindrons
vous peindrez
ils/elles peindront

Futur antérieur
j'aurai peint
tu auras peint
il/elle/on aura peint
nous ᶻ aurons peint
vous ᶻ aurez peint
ils/elles ᶻ auront peint

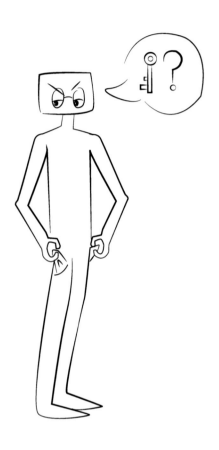

PERDRE
To Lose

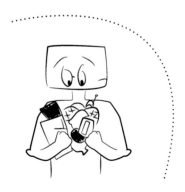

PERDRE
To Lose

Présent
je perds
tu perds
il/elle/on perd
nous perdons
vous perdez
ils/elles perdent

Imparfait
je perdais
tu perdais
il/elle/on perdait
nous perdions
vous perdiez
ils/elles perdaient

Passé simple
je perdis
tu perdis
il/elle/on perdit
nous perdîmes
vous perdîtes
ils/elles perdirent

Futur simple
je perdrai
tu perdras
il/elle/on perdra
nous perdrons
vous perdrez
ils/elles perdront

Passé composé
j'ai perdu
tu as perdu
il/elle/on a perdu
nous ᶻ avons perdu
vous ᶻ avez perdu
ils/elles ᶻ ont perdu

Plus-que-parfait
j'avais perdu
tu avais perdu
il/elle/on avait perdu
nous ᶻ avions perdu
vous ᶻ aviez perdu
ils/elles ᶻ avaient perdu

Passé antérieur
j'eus perdu
tu eus perdu
il/elle/on eut perdu
nous ᶻ eûmes perdu
vous ᶻ eûtes perdu
ils/elles ᶻ eurent perdu

Futur antérieur
j'aurai perdu
tu auras perdu
il/elle/on aura perdu
nous ᶻ aurons perdu
vous ᶻ aurez perdu
ils/elles ᶻ auront perdu

PERMETTRE
To Allow

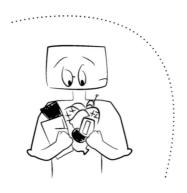

PERMETTRE
To Allow

Présent
je permets
tu permets
il/elle/on permet
nous permettons
vous permettez
ils/elles permettent

Imparfait
je permettais
tu permettais
il/elle/on permettait
nous permettions
vous permettiez
ils/elles permettaient

Passé simple
je permis
tu permis
il/elle/on permit
nous permîmes
vous permîtes
ils/elles permirent

Futur simple
je permettrai
tu permettras
il/elle/on permettra
nous permettrons
vous permettrez
ils/elles permettront

Passé composé
j'ai permis
tu as permis
il/elle/on a permis
nous ᶻ avons permis
vous ᶻ avez permis
ils/elles ᶻ ont permis

Plus-que-parfait
j'avais permis
tu avais permis
il/elle/on avait permis
nous ᶻ avions permis
vous ᶻ aviez permis
ils/elles ᶻ avaient permis

Passé antérieur
j'eus permis
tu eus permis
il/elle/on eut permis
nous ᶻ eûmes permis
vous ᶻ eûtes permis
ils/elles ᶻ eurent permis

Futur antérieur
j'aurai permis
tu auras permis
il/elle/on aura permis
nous ᶻ aurons permis
vous ᶻ aurez permis
ils/elles ᶻ auront permis

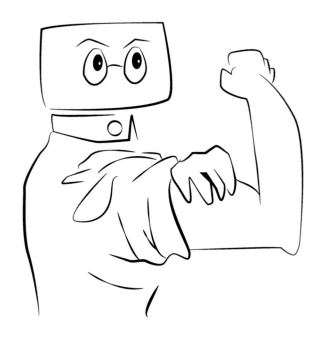

POUVOIR
To Be Able To

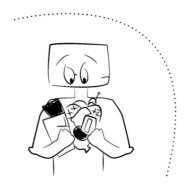

POUVOIR
To Be Able To

Présent
je p**eux**
tu p**eux**
il/elle/on p**eut**
nous p**ouv**ons
vous p**ouv**ez
il**s**/elle**s** p**euv**ent

Imparfait
je p**ouv**ais
tu p**ouv**ais
il/elle/on p**ouv**ait
nous p**ouv**ions
vous p**ouv**iez
il**s**/elle**s** p**ouv**aient

Passé simple
je p**u**s
tu p**u**s
il/elle/on p**u**t
nous p**û**mes
vous p**û**tes
il**s**/elle**s** p**u**rent

Futur simple
je p**ou**rrai
tu p**ou**rras
il/elle/on p**ou**rra
nous p**ou**rrons
vous p**ou**rrez
il**s**/elle**s** p**ou**rront

Passé composé
j'ai p**u**
tu as p**u**
il/elle/on a p**u**
nous ᶻ avons p**u**
vous ᶻ avez p**u**
il**s**/elle**s** ᶻ ont p**u**

Plus-que-parfait
j'avais p**u**
tu avais p**u**
il/elle/on avait p**u**
nous ᶻ avions p**u**
vous ᶻ aviez p**u**
il**s**/elle**s** ᶻ avaient p**u**

Passé antérieur
j'eus p**u**
tu eus p**u**
il/elle/on eut p**u**
nous ᶻ eûmes p**u**
vous ᶻ eûtes p**u**
il**s**/elle**s** ᶻ eurent p**u**

Futur antérieur
j'aurai p**u**
tu auras p**u**
il/elle/on aura p**u**
nous ᶻ aurons p**u**
vous ᶻ aurez p**u**
il**s**/elle**s** ᶻauront p**u**

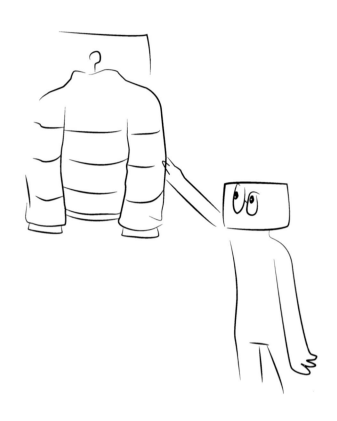

PRENDRE
To Take/Get

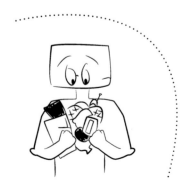

PRENDRE
To Take/Get

Présent
je prends
tu prends
il/elle/on prend
nous prenons
vous prenez
ils/elles prennent

Imparfait
je prenais
tu prenais
il/elle/on prenait
nous prenions
vous preniez
ils/elles prenaient

Passé simple
je pris
tu pris
il/elle/on prit
nous prîmes
vous prîtes
ils/elles prirent

Futur simple
je prendrai
tu prendras
il/elle/on prendra
nous prendrons
vous prendrez
ils/elles prendront

Passé composé
j'ai pris
tu as pris
il/elle/on a pris
nous ᶻ avons pris
vous ᶻ avez pris
ils/elles ᶻ ont pris

Plus-que-parfait
j'avais pris
tu avais pris
il/elle/on avait pris
nous ᶻ avions pris
vous ᶻ aviez pris
ils/elles ᶻ avaient pris

Passé antérieur
j'eus pris
tu eus pris
il/elle/on eut pris
nous ᶻ eûmes pris
vous ᶻ eûtes pris
ils/elles ᶻ eurent pris

Futur antérieur
j'aurai pris
tu auras pris
il/elle/on aura pris
nous ᶻ aurons pris
vous ᶻ aurez pris
ils/elles ᶻ auront pris

RECEVOIR
To Receive

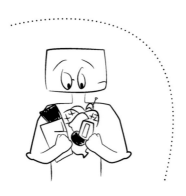

RECEVOIR
To Receive

Présent
je reçois
tu reçois
il/elle/on reçoit
nous recevons
vous recevez
ils/elles reçoivent

Imparfait
je recevais
tu recevais
il/elle/on recevait
nous recevions
vous receviez
ils/elles recevaient

Passé simple
je reçus
tu reçus
il/elle/on reçut
nous reçûmes
vous reçûtes
ils/elles reçurent

Futur simple
je recevrai
tu recevras
il/elle/on recevra
nous recevrons
vous recevrez
ils/elles recevront

Passé composé
j'ai reçu
tu as reçu
il/elle/on a reçu
nous ᶻ avons reçu
vous ᶻ avez reçu
ils/elles ᶻ ont reçu

Plus-que-parfait
j'avais reçu
tu avais reçu
il/elle/on avait reçu
nous ᶻ avions reçu
vous ᶻ aviez reçu
ils/elles ᶻ avaient reçu

Passé antérieur
j'eus reçu
tu eus reçu
il/elle/on eut reçu
nous ᶻ eûmes reçu
vous ᶻ eûtes reçu
ils/elles ᶻ eurent reçu

Futur antérieur
j'aurai reçu
tu auras reçu
il/elle/on aura reçu
nous ᶻ aurons reçu
vous ᶻ aurez reçu
ils/elles ᶻ auront reçu

RECONNAÎTRE
To Recognize

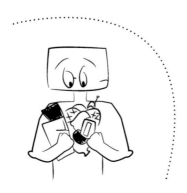

RECONNAÎTRE
To Recognize

Présent
je reconnais
tu reconnais
il/elle/on reconnaît
nous reconnaissons
vous reconnaissez
ils/elles reconnaissent

Imparfait
je reconnaissais
tu reconnaissais
il/elle/on reconnaissait
nous reconnaissions
vous reconnaissiez
ils/elles reconnaissaient

Passé simple
je reconnus
tu reconnus
il/elle/on reconnut
nous reconnûmes
vous reconnûtes
ils/elles reconnurent

Futur simple
je reconnaîtrai
tu reconnaîtras
il/elle/on reconnaîtra
nous reconnaîtrons
vous reconnaîtrez
ils/elles reconnaîtront

Passé composé
j'ai reconnu
tu as reconnu
il/elle/on a reconnu
nous ᶻ avons reconnu
vous ᶻ avez reconnu
ils/elles ᶻ ont reconnu

Plus-que-parfait
j'avais reconnu
tu avais reconnu
il/elle/on avait reconnu
nous ᶻ avions reconnu
vous ᶻ aviez reconnu
ils/elles ᶻ avaient reconnu

Passé antérieur
j'eus reconnu
tu eus reconnu
il/elle/on eut reconnu
nous ᶻ eûmes reconnu
vous ᶻ eûtes reconnu
ils/elles ᶻ eurent reconnu

Futur antérieur
j'aurai reconnu
tu auras reconnu
il/elle/on aura reconnu
nous ᶻ aurons reconnu
vous ᶻ aurez reconnu
ils/elles ᶻ auront reconnu

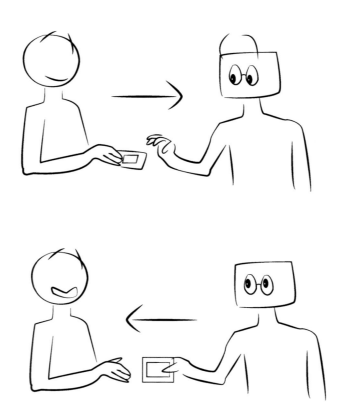

RENDRE
To Return

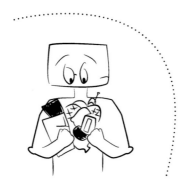

RENDRE
To Return

Présent
je rends
tu rends
il/elle/on rend
nous rendons
vous rendez
ils/elles rendent

Imparfait
je rendais
tu rendais
il/elle/on rendait
nous rendions
vous rendiez
ils/elles rendaient

Passé simple
je rendis
tu rendis
il/elle/on rendit
nous rendîmes
vous rendîtes
ils/elles rendirent

Futur simple
je rendrai
tu rendras
il/elle/on rendra
nous rendrons
vous rendrez
ils/elles rendront

Passé composé
j'ai rendu
tu as rendu
il/elle/on a rendu
nous ᶻ avons rendu
vous ᶻ avez rendu
ils/elles ᶻ ont rendu

Plus-que-parfait
j'avais rendu
tu avais rendu
il/elle/on avait rendu
nous ᶻ avions rendu
vous ᶻ aviez rendu
ils/elles ᶻ avaient rendu

Passé antérieur
j'eus rendu
tu eus rendu
il/elle/on eut rendu
nous ᶻ eûmes rendu
vous ᶻ eûtes rendu
ils/elles ᶻ eurent rendu

Futur antérieur
j'aurai rendu
tu auras rendu
il/elle/on aura rendu
nous ᶻ aurons rendu
vous ᶻ aurez rendu
ils/elles ᶻ auront rendu

RÉPONDRE
To Respond/Answer

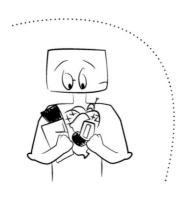

RÉPONDRE
To Respond/Answer

Présent
je réponds
tu réponds
il/elle/on répond
nous répondons
vous répondez
ils/elles répondent

Imparfait
je répondais
tu répondais
il/elle/on répondait
nous répondions
vous répondiez
ils/elles répondaient

Passé simple
je répondis
tu répondis
il/elle/on répondit
nous répondîmes
vous répondîtes
ils/elles répondirent

Futur simple
je répondrai
tu répondras
il/elle/on répondra
nous répondrons
vous répondrez
ils/elles répondront

Passé composé
j'ai répondu
tu as répondu
il/elle/on a répondu
nous ᶻ avons répondu
vous ᶻ avez répondu
ils/elles ᶻ ont répondu

Plus-que-parfait
j'avais répondu
tu avais répondu
il/elle/on avait répondu
nous ᶻ avions répondu
vous ᶻ aviez répondu
ils/elles ᶻ avaient répondu

Passé antérieur
j'eus répondu
tu eus répondu
il/elle/on eut répondu
nous ᶻ eûmes répondu
vous ᶻ eûtes répondu
ils/elles ᶻ eurent répondu

Futur antérieur
j'aurai répondu
tu auras répondu
il/elle/on aura répondu
nous ᶻ aurons répondu
vous ᶻ aurez répondu
ils/elles ᶻ auront répondu

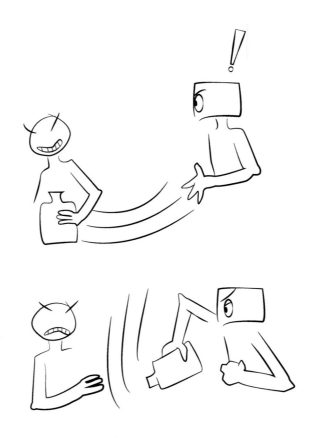

REPRENDRE
To Take Back

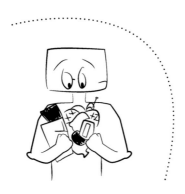

REPRENDRE
To Take Back

Présent
je reprends
tu reprends
il/elle/on reprend
nous reprenons
vous reprenez
ils/elles reprennent

Passé composé
j'ai repris
tu as repris
il/elle/on a repris
nous ᶻ avons repris
vous ᶻ avez repris
ils/elles ᶻ ont repris

Imparfait
je reprenais
tu reprenais
il/elle/on reprenait
nous reprenions
vous repreniez
ils/elles reprenaient

Plus-que-parfait
j'avais repris
tu avais repris
il/elle/on avait repris
nous ᶻ avions repris
vous ᶻ aviez repris
ils/elles ᶻ avaient repris

Passé simple
je repris
tu repris
il/elle/on reprit
nous reprîmes
vous reprîtes
ils/elles reprirent

Passé antérieur
j'eus repris
tu eus repris
il/elle/on eut repris
nous ᶻ eûmes repris
vous ᶻ eûtes repris
ils/elles ᶻ eurent repris

Futur simple
je reprendrai
tu reprendras
il/elle/on reprendra
nous reprendrons
vous reprendrez
ils/elles reprendront

Futur antérieur
j'aurai repris
tu auras repris
il/elle/on aura repris
nous ᶻ aurons repris
vous ᶻ aurez repris
ils/elles ᶻ auront repris

RETENIR
To Hold back

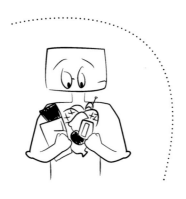

RETENIR
To Hold back

Présent
je ret**iens**
tu ret**iens**
il/elle/on ret**ient**
nous ret**en**ons
vous ret**en**ez
ils/elles ret**ienn**ent

Imparfait
je ret**en**ais
tu ret**en**ais
il/elle/on ret**en**ait
nous ret**en**ions
vous ret**en**iez
ils/elles ret**en**aient

Passé simple
je ret**in**s
tu ret**in**s
il/elle/on ret**in**t
nous ret**în**mes
vous ret**în**tes
ils/elles ret**in**rent

Futur simple
je ret**iendr**ai
tu ret**iendr**as
il/elle/on ret**iendr**a
nous ret**iendr**ons
vous ret**iendr**ez
ils/elles ret**iendr**ont

Passé composé
j'ai ret**enu**
tu as ret**enu**
il/elle/on a ret**enu**
nous ^{z} avons ret**enu**
vous ^{z} avez ret**enu**
ils/elles ^{z} ont ret**enu**

Plus-que-parfait
j'avais ret**enu**
tu avais ret**enu**
il/elle/on avait ret**enu**
nous ^{z} avions ret**enu**
vous ^{z} aviez ret**enu**
ils/elles ^{z} avaient ret**enu**

Passé antérieur
j'eus ret**enu**
tu eus ret**enu**
il/elle/on eut ret**enu**
nous ^{z} eûmes ret**enu**
vous ^{z} eûtes ret**enu**
ils/elles ^{z} eurent ret**enu**

Futur antérieur
j'aurai ret**enu**
tu auras ret**enu**
il/elle/on aura ret**enu**
nous ^{z} aurons ret**enu**
vous ^{z} aurez ret**enu**
ils/elles ^{z} auront ret**enu**

SAVOIR
To Know

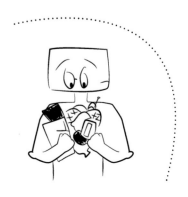

OIR

SAVOIR
To Know

Présent
je s**ais**
tu s**ais**
il/elle/on s**ait**
nous s**av**ons
vous s**av**ez
ils/elles s**av**ent

Passé composé
j'ai s**u**
tu as s**u**
il/elle/on a s**u**
nous ᶻ avons s**u**
vous ᶻ avez s**u**
ils/elles ᶻ ont s**u**

Imparfait
je s**av**ais
tu s**av**ais
il/elle/on s**av**ait
nous s**av**ions
vous s**av**iez
ils/elles s**av**aient

Plus-que-parfait
j'avais s**u**
tu avais s**u**
il/elle/on avait s**u**
nous ᶻ avions s**u**
vous ᶻ aviez s**u**
ils/elles ᶻ avaient s**u**

Passé simple
je s**u**s
tu s**u**s
il/elle/on s**u**t
nous s**ûm**es
vous s**ût**es
ils/elles s**ur**ent

Passé antérieur
j'eus s**u**
tu eus s**u**
il/elle/on eut s**u**
nous ᶻ eûmes s**u**
vous ᶻ eûtes s**u**
ils/elles ᶻ eurent s**u**

Futur simple
je s**au**r**ai**
tu s**au**r**a**s
il/elle/on s**au**r**a**
nous s**au**r**on**s
vous s**au**r**ez**
ils/elles s**au**r**on**t

Futur antérieur
j'aurai s**u**
tu auras s**u**
il/elle/on aura s**u**
nous ᶻ aurons s**u**
vous ᶻ aurez s**u**
ils/elles ᶻ auront s**u**

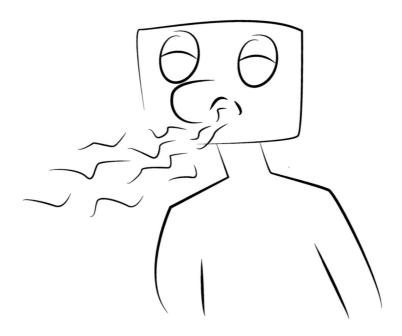

SENTIR
To Smell/Feel

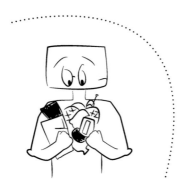

SENTIR
To Smell/Feel

Présent
je sens
tu sens
il/elle/on sent
nous sentons
vous sentez
ils/elles sentent

Passé composé
j'ai senti
tu as senti
il/elle/on a senti
nous ᶻ avons senti
vous ᶻ avez senti
ils/elles ᶻ ont senti

Imparfait
je sentais
tu sentais
il/elle/on sentait
nous sentions
vous sentiez
ils/elles sentaient

Plus-que-parfait
j'avais senti
tu avais senti
il/elle/on avait senti
nous ᶻ avions senti
vous ᶻ aviez senti
ils/elles ᶻ avaient senti

Passé simple
je sentis
tu sentis
il/elle/on sentit
nous sentîmes
vous sentîtes
ils/elles sentirent

Passé antérieur
j'eus senti
tu eus senti
il/elle/on eut senti
nous ᶻ eûmes senti
vous ᶻ eûtes senti
ils/elles ᶻ eurent senti

Futur simple
je sentirai
tu sentiras
il/elle/on sentira
nous sentirons
vous sentirez
ils/elles sentiront

Futur antérieur
j'aurai senti
tu auras senti
il/elle/on aura senti
nous ᶻ aurons senti
vous ᶻ aurez senti
ils/elles ᶻ auront senti

SERVIR
To Serve

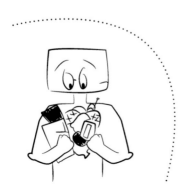

SERVIR
To Serve

Présent
je sers
tu sers
il/elle/on sert
nous servons
vous servez
ils/elles servent

Imparfait
je servais
tu servais
il/elle/on servait
nous servions
vous serviez
ils/elles servaient

Passé simple
je servis
tu servis
il/elle/on servit
nous servîmes
vous servîtes
ils/elles servirent

Futur simple
je servirai
tu serviras
il/elle/on servira
nous servirons
vous servirez
ils/elles serviront

Passé composé
j'ai servi
tu as servi
il/elle/on a servi
nous ᶻ avons servi
vous ᶻ avez servi
ils/elles ᶻ ont servi

Plus-que-parfait
j'avais servi
tu avais servi
il/elle/on avait servi
nous ᶻ avions servi
vous ᶻ aviez servi
ils/elles ᶻ avaient servi

Passé antérieur
j'eus servi
tu eus servi
il/elle/on eut servi
nous ᶻ eûmes servi
vous ᶻ eûtes servi
ils/elles ᶻ eurent servi

Futur antérieur
j'aurai servi
tu auras servi
il/elle/on aura servi
nous ᶻ aurons servi
vous ᶻ aurez servi
ils/elles ᶻ auront servi

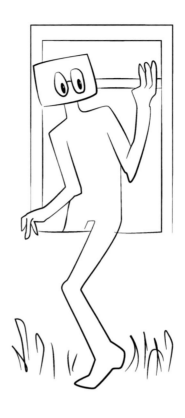

SORTIR
To Go Out

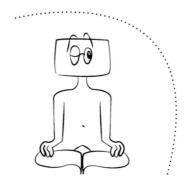

SORTIR
To Go Out

Présent
je sors
tu sors
il/elle/on sort
nous sortons
vous sortez
ils/elles sortent

Imparfait
je sortais
tu sortais
il/elle/on sortait
nous sortions
vous sortiez
ils/elles sortaient

Passé simple
je sortis
tu sortis
il/elle/on sortit
nous sortîmes
vous sortîtes
ils/elles sortirent

Futur simple
je sortirai
tu sortiras
il/elle/on sortira
nous sortirons
vous sortirez
ils/elles sortiront

Passé composé
je suis sorti (ie)
tu es sorti (ie)
il/elle/on est sorti (ie)
nous sommes sortis (ies)
vous ᶻ êtes sortis (ies)
ils/elles sont sortis (ies)

Plus-que-parfait
j'étais sorti (ie)
tu étais sorti (ie)
il/elle/on était sorti (ie)
nous ᶻ étions sortis (ies)
vous ᶻ étiez sortis (ies)
ils/elles ᶻ étaient sortis (ies)

Passé antérieur
Je fus sorti (ie)
tu fus sorti (ie)
il/elle/on fut sorti (ie)
nous fûmes sortis (ies)
vous fûtes sortis (ies)
ils/elles furent sortis (ies)

Futur antérieur
je serai sorti (ie)
tu seras sorti (ie)
il/elle/on sera sorti (ie)
nous serons sortis (ies)
vous serez sortis (ies)
ils/elles seront sortis (ies)

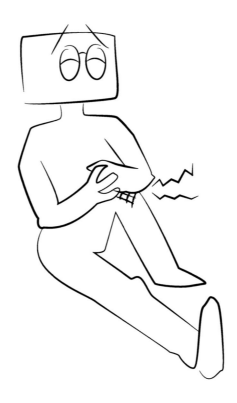

SOUFFRIR
To Suffer

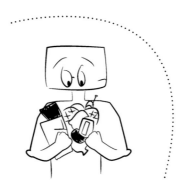

SOUFFRIR
To Suffer

Présent
je souffre
tu souffres
il/elle/on souffre
nous souffrons
vous souffrez
ils/elles souffrent

Imparfait
je souffrais
tu souffrais
il/elle/on souffrait
nous souffrions
vous souffriez
ils/elles souffraient

Passé simple
je souffris
tu souffris
il/elle/on souffrit
nous souffrîmes
vous souffrîtes
ils/elles souffrirent

Futur simple
je souffrirai
tu souffriras
il/elle/on souffrira
nous souffrirons
vous souffrirez
ils/elles souffriront

Passé composé
j'ai souffert
tu as souffert
il/elle/on a souffert
nous ᶻ avons souffert
vous ᶻ avez souffert
ils/elles ᶻ ont souffert

Plus-que-parfait
j'avais souffert
tu avais souffert
il/elle/on avait souffert
nous ᶻ avions souffert
vous ᶻ aviez souffert
ils/elles ᶻ avaient souffert

Passé antérieur
j'eus souffert
tu eus souffert
il/elle/on eut souffert
nous ᶻ eûmes souffert
vous ᶻ eûtes souffert
ils/elles ᶻ eurent souffert

Futur antérieur
j'aurai souffert
tu auras souffert
il/elle/on aura souffert
nous ᶻ aurons souffert
vous ᶻ aurez souffert
ils/elles ᶻ auront souffert

SOURIRE
To Smile

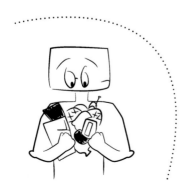

SOURIRE
To Smile

Présent
je souris
tu souris
il/elle/on sourit
nous sourions
vous souriez
ils/elles sourient

Imparfait
je souriais
tu souriais
il/elle/on souriait
nous souriions
vous souriiez
ils/elles souriaient

Passé simple
je souris
tu souris
il/elle/on sourit
nous sourîmes
vous sourîtes
ils/elles sourirent

Futur simple
je sourirai
tu souriras
il/elle/on sourira
nous sourirons
vous sourirez
ils/elles souriront

Passé composé
j'ai souri
tu as souri
il/elle/on a souri
nous ᶻ avons souri
vous ᶻ avez souri
ils/elles ᶻ ont souri

Plus-que-parfait
j'avais souri
tu avais souri
il/elle/on avait souri
nous ᶻ avions souri
vous ᶻ aviez souri
ils/elles ᶻ avaient souri

Passé antérieur
j'eus souri
tu eus souri
il/elle/on eut souri
nous ᶻ eûmes souri
vous ᶻ eûtes souri
ils/elles ᶻ eurent souri

Futur antérieur
j'aurai souri
tu auras souri
il/elle/on aura souri
nous ᶻ aurons souri
vous ᶻ aurez souri
ils/elles ᶻ auront souri

SUIVRE
To Follow

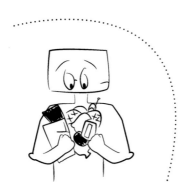

SUIVRE
To Follow

Présent
je suis
tu suis
il/elle/on suit
nous suivons
vous suivez
ils/elles suivent

Imparfait
je suivais
tu suivais
il/elle/on suivait
nous suivions
vous suiviez
ils/elles suivaient

Passé simple
je suivis
tu suivis
il/elle/on suivit
nous suivîmes
vous suivîtes
ils/elles suivirent

Futur simple
je suivrai
tu suivras
il/elle/on suivra
nous suivrons
vous suivrez
ils/elles suivront

Passé composé
j'ai suivi
tu as suivi
il/elle/on a suivi
nous ᶻ avons suivi
vous ᶻ avez suivi
ils/elles ᶻ ont suivi

Plus-que-parfait
j'avais suivi
tu avais suivi
il/elle/on avait suivi
nous ᶻ avions suivi
vous ᶻ aviez suivi
ils/elles ᶻ avaient suivi

Passé antérieur
j'eus suivi
tu eus suivi
il/elle/on eut suivi
nous ᶻ eûmes suivi
vous ᶻ eûtes suivi
ils/elles ᶻ eurent suivi

Futur antérieur
j'aurai suivi
tu auras suivi
il/elle/on aura suivi
nous ᶻ aurons suivi
vous ᶻ aurez suivi
ils/elles ᶻ auront suivi

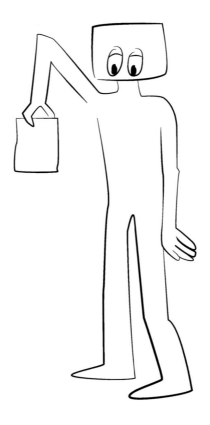

TENIR
To Hold

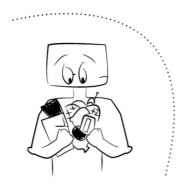

TENIR
To Hold

Présent
je tiens
tu tiens
il/elle/on tient
nous tenons
vous tenez
ils/elles tiennent

Imparfait
je tenais
tu tenais
il/elle/on tenait
nous tenions
vous teniez
ils/elles tenaient

Passé simple
je tins
tu tins
il/elle/on tint
nous tînmes
vous tîntes
ils/elles tinrent

Futur simple
je tiendrai
tu tiendras
il/elle/on tiendra
nous tiendrons
vous tiendrez
ils/elles tiendront

Passé composé
j'ai tenu
tu as tenu
il/elle/on a tenu
nous ᶻ avons tenu
vous ᶻ avez tenu
ils/elles ᶻ ont tenu

Plus-que-parfait
j'avais tenu
tu avais tenu
il/elle/on avait tenu
nous ᶻ avions tenu
vous ᶻ aviez tenu
ils/elles ᶻ avaient tenu

Passé antérieur
j'eus tenu
tu eus tenu
il/elle/on eut tenu
nous ᶻ eûmes tenu
vous ᶻ eûtes tenu
ils/elles ᶻ eurent tenu

Futur antérieur
j'aurai tenu
tu auras tenu
il/elle/on aura tenu
nous ᶻ aurons tenu
vous ᶻ aurez tenu
ils/elles ᶻ auront tenu

VENIR
To Come

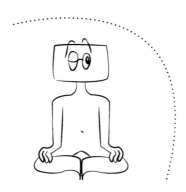

VENIR
To Come

Présent
je v**iens**
tu v**iens**
il/elle/on v**ient**
nous v**en**ons
vous v**en**ez
ils/elles v**ienn**ent

Imparfait
je v**en**ais
tu v**en**ais
il/elle/on v**en**ait
nous v**en**ions
vous v**en**iez
ils/elles v**en**aient

Passé simple
je v**ins**
tu v**ins**
il/elle/on v**int**
nous v**înm**es
vous v**înt**es
ils/elles v**inr**ent

Futur simple
je v**iendr**ai
tu v**iendr**as
il/elle/on v**iendr**a
nous v**iendr**ons
vous v**iendr**ez
ils/elles v**iendr**ont

Passé composé
je suis v**enu** (u**e**)
tu es v**enu** (u**e**)
il/elle/on est v**enu** (u**e**)
nous sommes v**enu**s (u**e**s)
vous ᶻ êtes v**enu**s (u**e**s)
ils/elles sont v**enu**s (u**e**s)

Plus-que-parfait
j'étais v**enu** (u**e**)
tu étais v**enu** (u**e**)
il/elle/on était v**enu** (u**e**)
nous ᶻ étions v**enu**s (u**e**s)
vous ᶻ étiez v**enu**s (u**e**s)
ils/elles ᶻ étaient v**enu**s (u**e**s)

Passé antérieur
Je fus v**enu** (u**e**)
tu fus v**enu** (u**e**)
il/elle/on fut v**enu** (u**e**)
nous fûmes v**enu**s (u**e**s)
vous fûtes v**enu**s (u**e**s)
ils/elles furent v**enu**s (u**e**s)

Futur antérieur
je serai v**enu** (u**e**)
tu seras v**enu** (u**e**)
il/elle/on sera v**enu** (u**e**)
nous serons v**enu**s (u**e**s)
vous serez v**enu**s (u**e**s)
ils/elles seront v**enu**s (u**e**s)

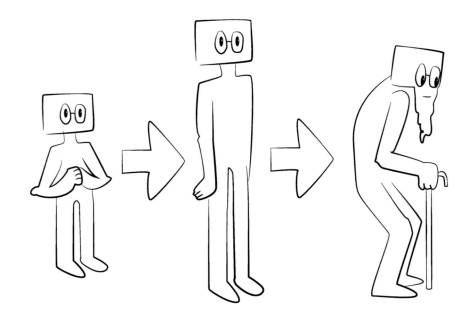

VIVRE
To Live

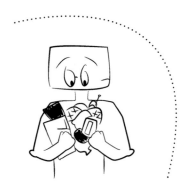

VIVRE
To Live

Présent
je v**is**
tu v**is**
il/elle/on v**it**
nous v**iv**o**ns**
vous v**iv**e**z**
ils/elle**s** v**iv**e**nt**

Imparfait
je viv**ais**
tu viv**ais**
il/elle/on viv**ait**
nous viv**ions**
vous viv**iez**
ils/elle**s** viv**aient**

Passé simple
je v**écu**s
tu v**écu**s
il/elle/on v**écu**t
nous v**écûm**es
vous v**écût**es
ils/elle**s** v**écur**ent

Futur simple
je vivr**ai**
tu vivr**a**s
il/elle/on vivr**a**
nous vivr**ons**
vous vivr**ez**
ils/elle**s** vivr**ont**

Passé composé
j'ai v**écu**
tu as v**écu**
il/elle/on a v**écu**
nous ᶻ avons v**écu**
vous ᶻ avez v**écu**
ils/elle**s** ᶻ ont v**écu**

Plus-que-parfait
j'avais v**écu**
tu avais v**écu**
il/elle/on avait v**écu**
nous ᶻ avions v**écu**
vous ᶻ aviez v**écu**
ils/elle**s** ᶻ avaient v**écu**

Passé antérieur
j'eus v**écu**
tu eus v**écu**
il/elle/on eut v**écu**
nous ᶻ eûmes v**écu**
vous ᶻ eûtes v**écu**
ils/elle**s** ᶻ eurent v**écu**

Futur antérieur
j'aurai v**écu**
tu auras v**écu**
il/elle/on aura v**écu**
nous ᶻ aurons v**écu**
vous ᶻ aurez v**écu**
ils/elle**s** ᶻ auront v**écu**

VOIR
To See

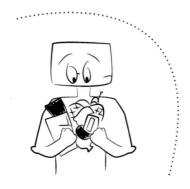

VOIR
To See

Présent	**Passé composé**
je v**ois**	j'ai v**u**
tu v**ois**	tu as v**u**
il/elle/on v**oit**	il/elle/on a v**u**
nous v**oyons**	nous ᶻ avons v**u**
vous v**oyez**	vous ᶻ avez v**u**
ils/elles v**oient**	ils/elles ᶻ ont v**u**

Imparfait	**Plus-que-parfait**
je v**oyais**	j'avais v**u**
tu v**oyais**	tu avais v**u**
il/elle/on v**oyait**	il/elle/on avait v**u**
nous v**oyions**	nous ᶻ avions v**u**
vous v**oyiez**	vous ᶻ aviez v**u**
ils/elles v**oyaient**	ils/elles ᶻ avaient v**u**

Passé simple	**Passé antérieur**
je v**is**	j'eus v**u**
tu v**is**	tu eus v**u**
il/elle/on v**it**	il/elle/on eut v**u**
nous v**îmes**	nous ᶻ eûmes v**u**
vous v**îtes**	vous ᶻ eûtes v**u**
ils/elles v**irent**	ils/elles ᶻ eurent v**u**

Futur simple	**Futur antérieur**
je v**errai**	j'aurai v**u**
tu v**erras**	tu auras v**u**
il/elle/on v**erra**	il/elle/on aura v**u**
nous v**errons**	nous ᶻ aurons v**u**
vous v**errez**	vous ᶻ aurez v**u**
ils/elles v**erront**	ils/elles ᶻ auront v**u**

VOULOIR
To Want

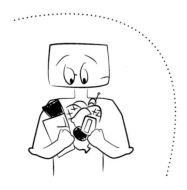

VOULOIR
To Want

Présent
je veux
tu veux
il/elle/on veut
nous voulons
vous voulez
ils/elles veulent

Imparfait
je voulais
tu voulais
il/elle/on voulait
nous voulions
vous vouliez
ils/elles voulaient

Passé simple
je voulus
tu voulus
il/elle/on voulut
nous voulûmes
vous voulûtes
ils/elles voulurent

Futur simple
je voudrai
tu voudras
il/elle/on voudra
nous voudrons
vous voudrez
ils/elles voudront

Passé composé
j'ai voulu
tu as voulu
il/elle/on a voulu
nous ᶻ avons voulu
vous ᶻ avez voulu
ils/elles ᶻ ont voulu

Plus-que-parfait
j'avais voulu
tu avais voulu
il/elle/on avait voulu
nous ᶻ avions voulu
vous ᶻ aviez voulu
ils/elles ᶻ avaient voulu

Passé antérieur
j'eus voulu
tu eus voulu
il/elle/on eut voulu
nous ᶻ eûmes voulu
vous ᶻ eûtes voulu
ils/elles ᶻ eurent voulu

Futur antérieur
j'aurai voulu
tu auras voulu
il/elle/on aura voulu
nous ᶻ aurons voulu
vous ᶻ aurez voulu
ils/elles ᶻ auront voulu

Tableau Récapitulatif
Recapitulative Chart

Verbe (infinitif)	Translation	Participe Passé	Racine du Futur	Forme du Passé Simple
acheter	*to buy*	acheté	achèter*	a
agir	*to act*	agi	infinitif	i
aimer	*to love*	aimé	infinitif	a
ajouter	*to add*	ajouté	infinitif	a
aller	*to go*	allé	ir*	∉ d
apercevoir	*to perceive/notice*	aperçu	apercevr-*	∉ U
appeler	*to call*	appelé	apeller*	a
apprendre	*to learn*	appris	∉	i
arrêter	*to stop*	arreté	infinitif	a
arriver	*to arrive*	arrivé	infinitif	a
attendre	*to wait*	attendu	∉	i
avoir	*to have*	eu	aur-	eus
boire	*to drink*	bu	∉	u
cacher (se)	*to hide (onself)*	caché	infinitif	a
chanter	*to sing*	chanté	infinitif	a
chercher	*to look for*	cherché	infinitif	a
combattre	*to fight*	combattu	∉	i
commencer	*to start/begin*	commencé	infinitif	a
comprendre	*to understand*	compris	∉	i
connaître	*to know*	connu	∉	u
continuer	*to continue*	continué	infinitif	a
courir	*to run*	couru	courr-*	u
crier	*to scream*	crié	infinitif	a
croire	*to believe*	cru	∉	u
danser	*to dance*	dansé	infinitif	a
demander	*to ask*	demandé	infinitif	a
descendre	*to go down*	descendu	∉	i
devenir	*to become*	devenu	deviendr-*	in

* Racine du futur irrégulière
* ∉ - Infinitif sans « e »

* *Irregular stems in the future tense*
* ∉ - *infinitif without the "e"*

Tableau Récapitulatif
Recapitulative Chart

Verbe	Translation	Participe Passé	Racine du Futur	Forme du Passé Simple
devoir	*to have to/must*	dû	devr-*	u
dire	*to say*	dit	∉	i
donner	*to give*	donné	infinitif	a
dormir	*to sleep*	dormi	infinitif	i
écouter	*to listen*	écouté	infinitif	a
écrire	*to write*	écrit	∉	i
embrasser	*to kiss*	embrassé	infinitif	a
entendre	*to hear*	entendu	∉	i
entrer	*to enter*	entré	infinitif	a
envoyer	*to send*	envoyé	enverr-*	a
espérer	*to hope*	espéré	infinitif	a
être	*to be*	été	ser-*	fus
exister	*to exist*	existé	infinitif	a
expliquer	*to explain*	expliqué	infinitif	a
faire	*to do/make*	fait	fer-*	i
falloir	*to have to/must*	fallu	faudr-*	u
finir	*to finish*	fini	infinitif	i
garder	*to keep/guard*	gardé	infinitif	a
grandir	*to grow*	grandi	infinitif	i
jeter	*to throw out*	jeté	jetter-*	a
jouer	*to play*	joué	infinitif	a
laisser	*to leave*	laissé	infinitif	a
lever	*to lift*	levé	lèver*	a
lever (se)	*to stand up/get up*	levé	lèver*	a
lire	*to read*	lu	∉	u
manger	*to eat*	mangé	infinitif	a
manquer	*to miss*	manqué	infinitif	a
marcher	*to walk*	marché	infinitif	a

* Racine du futur irrégulière

* ∉ - Infinitif sans « e »

* Irregular stems in the future tense

* ∉ - infinitif without the "e"

Tableau Récapitulatif
Recapitulative Chart

Verbe (infinitif)	Translation	Participe Passé	Racine du Futur	Forme du Passé Simple
mettre	*to put*	mis	¢	i
monter	*to go up/climb*	monté	infinitif	a
mourir	*to die*	mort	mourr-*	u
observer	*to observe*	observé	infinitif	a
offrir	*to offer*	offert	infinitif	i
oublier	*to forget*	oublié	infinitif	a
ouvrir	*to open*	ouvert	infinitif	i
paraître	*to seem/appear*	paru	¢	u
parler	*to speak*	parlé	infinitif	a
partir	*to leave*	parti	infinitif	i
passer	*to pass*	passé	infinitif	a
payer	*to pay*	payé	paier-*	a
peindre	*to paint*	peint	¢	(peign-) i
penser	*to think*	pensé	infinitif	a
perdre	*to lose*	perdu	¢	i
permettre	*to allow*	permis	¢	i
pleurer	*to cry*	pleuré	infinitif	a
porter	*to carry*	porté	infinitif	a
pouvoir	*to be able to*	pu	pourr-*	u
prendre	*to take/get*	pris	¢	i
présenter	*to present*	présenté	infinitif	a
quitter	*to quit/leave*	quitté	infinitif	a
rappeler	*to call back*	rappelé	rappeller*	a
recevoir	*to receive*	reçu	recevr-*	u
reconnaître	*to recognize*	reconnu	¢	u
regarder	*to look at/watch*	regardé	infinitif	a
rendre	*to give back/return*	rendu	¢	i
répondre	*to answer/respond*	répondu	¢	i

* Racine du futur irrégulière
* ¢ - Infinitif sans « e »

* Irregular stems in the future tense
* ¢ - infinitif without the "e"

Tableau Récapitulatif
Recapitulative Chart

Verbe (infinitif)	Translation	Participe Passé	Racine du Futur	Forme du Passé Simple
reprendre	*to take back*	repris	∉	i
rester	*to stay*	resté	infinitif	a
retenir	*to hold back*	retenu	retiendr-*	in
retrouver	*to find*	retrouvé	infinitif	a
savoir	*to know*	su	saur-*	u
sembler	*to seem/appear*	semblé	infinitif	a
sentir	*to smell/feel*	senti	infinitif	i
servir	*to serve*	servi	infinitif	i
songer	*to think/dream*	songé	infinitif	a
sortir	*to leave/go out*	sorti	infinitif	i
souffrir	*to suffer*	souffert	infinitif	i
sourire	*to smile*	souri	∉	i
suivre	*to follow*	suivi	∉	i
tenir	*to hold*	tenu	tiendr-	in
tomber	*to fall*	tombé	infinitif	a
tourner	*to turn*	tourné	infinitif	a
travailler	*to work*	travaillé	infinitif	a
trouver	*to find*	trouvé	infinitif	a
venir (revenir)	*to come (to come back)*	venu	viendr-*	in
vivre	*to live*	vécu	vivr-*	u
voir	*to see*	vu	verr-*	i
vouloir	*to want*	voulu	voudr-*	u

* Racine du futur irrégulière
* ∉ - Infinitif sans « e »

* *Irregular stems in the future tense*
* *∉ - infinitif without the "e"*

INDEX

* Les verbes en orange représentent les quatre verbes les plus fréquents de la langue française.
* Les verbes en **gras** représentent les 50 verbes les plus fréquents de la langue française.

INDEX

* The verbs in orange depict the four most frequent verbs in the french language.
* The verbs in **bold** depict the fifty most frequent verbs in the french language.

INDEX

* The verbs in orange depict the four most frequent verbs in the french language.
* The verbs in **bold** depict the fifty most frequent verbs in the french language.

304

À PROPOS DES CONTRIBUTEURS / *ABOUT THE CONTRIBUTORS*

James O'Brien
Illustrateur / *Illustrator*

James est étudiant au Lycée français de New York. Marianne le connaît depuis son plus jeune âge et a toujours été impressionnée par ses talents de dessinateur. Doté d'une écoute particulière il a toujours su transmettre les idées par un coup de crayon. Elle lui a donc suggéré d'être l'illustrateur éssentiel de cet ouvrage.

James is a student at the Lycée Français de New York. Marianne has known him from a very young age and was always impressed by his talents as an illustrator and cartoonist. As a result, she suggested that he be the main illustrator for this manual.

Nahéma Conesa Alcoléa
Graphiste et Illustratrice / *Graphic Designer and Illustrator*

Nahéma possède un B.B.A en design de Parsons School of Design. Elle a réalisé toutes ses études en suivant parallèlement une formation dans une école de danse classique professionnelle et poursuit actuellement sa carrière dans le monde de la mode. Nahéma a développé un talent pour l'esthétisme qu'elle a mis au service du graphisme de cet ouvrage.

Nahéma holds a B.B.A. in Design and Management from Parsons School of Design. She studied ballet professionally throughout her entire education, and is now focusing her career within the fashion industry. Over the years Nahema has developed a keen eye for design and aesthetics, which she applied to the layout of this book.

May Ghadanfar
Graphiste / *Graphic Designer*

May poursuit un B.F.A. en Architecture d'Intérieur et est actuellement dans sa dernière année à "The New York School of Interior Design." Au cours de ses études, elle a également suivi une formation en graphisme et en photographie. C'est avec passion qu'elle a contribué à la réalisation de ce manuel.

May is pursuing a B.F.A in Interior Design. She is currently in her senior year at the New York School of Interior Design. Throughout the past few years, she has developed an interest in creative design and expanded her knowledge of graphic design and photography. She was very pleased to contribute to the development of this book.

Aurélie Gabriele
Assistante / *Marianne's assistant*

Aurélie est une enseignante certifiée du D.A.E.F.L.E (Diplôme d'aptitude de l'Enseignement du Français Langue étrangère). Professeur chez Marianne's Alpha Kappa, sa collaboration à la réalisation de cet ouvrage a été d'une grande aide grâce à son regard attentif et critique.

Aurélie works as a teacher at Marianne's Alpha Kappa, and has been a great asset in the materialization of this book. Being certified with the D.A.E.F.L.E (Aptitude Diploma in the Teaching of French as a Second Language), she was able to bring constructive criticism to help optimize the content of the book.

Made in the USA
Middletown, DE
22 December 2016